oekom

Bei diesem Text handelt es sich um eine überarbeitete Fassung der Keynote zur Konferenz »The Great Transformation – Climate Change as Cultural Change« vom Juni 2009 in Essen, siehe auch www.greattransformation.eu

Bibliografische Information der Deutschen Nationalbibliothek

Die Deutsche Nationalbibliothek verzeichnet diese Publikation in der Deutschen Nationalbibliografie; detaillierte bibliografische Daten sind im Internet über http://dnb.d-nb.de abrufbar.

Übersetzung: Michael Bayer, VerlagsService Dr. Ulrich Mihr
Visuelle Gestaltung: Torge Stoffers
Satz: oekom verlag

Druck: Kessler Druck + Medien, Bobingen

Printed in Germany
ISBN 978-3-86581-214-8

FSC
www.fsc.org
RECYCLED
Aus Recyclingmaterial
FSC® C004192

Thomas Homer-Dixon

Der heilsame Schock

Wie der Klimawandel unsere Gesellschaft zum Guten verändert

Aus dem Englischen von Michael Bayer

Dieses Buch wurde klimaneutral hergestellt. CO_2-Emissionen vermeiden, reduzieren, kompensieren – nach diesem Grundsatz handelt der oekom verlag. Unvermeidbare Emissionen kompensiert der Verlag durch Investitionen in ein Gold-Standard-Projekt. Mehr Informationen finden Sie unter: www.oekom.de

Inhaltsverzeichnis

1 Klimawandel als Kulturwandel

Die Klimakrise verschärft sich. Wie führende Wissenschaftler mitteilen, ist die Sättigung der weltweiten Kohlenstoffsenken fast erreicht und die Arktis verändert sich viel schneller als erwartet. Der Rückgang des arktischen Meereises vollzieht sich 20, wenn nicht gar 50 Jahre schneller, als die bisherigen Prognosen vorhersagen. Angesichts der rasanten Beschleunigung des Klimaproblems erscheinen die technischen, institutionellen und wirtschaftlichen Lösungen, die bei den internationalen Klimakonferenzen der vergangenen Jahre vorgeschlagen wurden, als völlig unzureichend. Sie werden uns kaum mit der gebotenen Schnelligkeit auch nur in die Nähe des Erforderlichen bringen.

Die wichtigsten internationalen Verhandlungen zum Thema Klimawandel finden auf Grundlage der 1992 verabschiedeten Klimarahmenkonvention der Vereinten Nationen statt. Das letzte Treffen der Vertragsstaaten, der Klimagipfel von Kopenhagen im Dezember 2009, endete ziemlich katastrophal. Sofern die Verhandlungen überhaupt Ansätze zur Lösung der Klimakrise liefern, beziehen sich diese vor allem auf technologische und wirtschaftliche Aspekte. Die Strategien zur Problemlösung betonen in erster Linie technische Fragen wie einen geeigneten Energiemix oder eine gesteigerte Energieeffizienz. Ich möchte diese Ansätze keineswegs schlechtreden oder gar andeuten, dass sie nicht weiterverfolgt werden sollten. Dennoch verschärft sich trotz allen Redens und trotz der weltweiten Bemühungen das Klimaproblem immer weiter.

Seit mehr als zwei Jahrzehnten beteilige ich mich an den Forschungen und Diskussionen über die gesellschaftlichen Auswirkungen des Klimawandels. Als einer der wenigen Sozialwissenschaftler mit so langer Erfahrung auf diesem Gebiet wurde mir in dieser Zeit immer klarer, dass die Lösung unserer Klimakrise letztlich nicht von Technik und Wissenschaft zu erwarten ist. Sie hat stattdessen mit unserer Kultur im weitesten Sinne zu tun, mit unseren tiefsten Überzeugungen, wie die Welt um uns herum zurzeit funktioniert und nach welchen grundlegenden Werten sie funktionieren sollte.

Jetzt könnte man natürlich einwenden: »Wenn die Antworten tatsächlich auf kultureller Ebene liegen, sind in absehbarer Zeit keine Lösungen zu erwarten, da sich solche kulturellen Wandlungsprozesse nur im Laufe mehrerer Generationen vollziehen.« Meiner Meinung nach sollten wir jedoch nicht auf solche schwarzmalerischen Einwände hören. Ich bin davon überzeugt, dass der kulturelle Wandel in unserer heutigen Welt weit schneller ablaufen kann als jemals zuvor in der menschlichen Geschichte. Gründe hierfür sind einerseits die bemerkenswerten Kommunikationstechnologien, die uns heute zur Verfügung stehen, andererseits aber auch das außerordentliche analytische Potenzial, auf das die Menschen in der ganzen Welt zurückgreifen können.

In diesem Buch möchte ich einige Komponenten darlegen, die ein kultureller Wandel beinhalten muss. Natürlich kann ich diese Fragen nicht erschöpfend behandeln, da das Thema eine ungeheure Menge an Material, Ideen und Fragen umfasst. Ich möchte deshalb einige herausgreifen, und diese etwas zugespitzt, vielleicht sogar provokant formulieren. Es ist durchaus meine Absicht, eine Diskussion über dieses Thema anzustoßen, die Debatte auszuweiten und zu weiteren Überlegungen anzuregen.

2 Das Wesen der Klimakrise

Gleich zu Beginn möchte ich den Ernst der Lage betonen. Als der Intergovernmental Panel on Climate Change (IPCC), der Zwischenstaatliche Ausschuss für Klimaänderungen der Vereinten Nationen (kurz UN-Klimarat), im Jahr 2007 seinen Vierten Sachstandsbericht veröffentlichte, hielten Wissenschaftler das dort beschriebene A1B-Emissionsszenario für die beste Prognose zur Entwicklung der weltweiten CO_2-Emissionen in diesem Jahrhundert, wenn sich Wirtschaftswachstum, Energieverbrauch und technologischer Wandel unvermindert fortsetzen würden. Man könnte das A1B-Szenario auch als Szenario des »modifizierten Weiter-so« bezeichnen. Bereits zwei Jahre später, im Jahr 2009, lag der von Menschen verursachte CO_2-Ausstoß jedoch bereits weit über dem A1B-Niveau. Tatsächlich übertraf er sogar die Werte des A1F1-Emissionsszenarios, das der IPCC als schlimmstmögliche Prognose ausgegeben hatte.

Die auf Menschen zurückgehenden CO_2-Emissionen sanken aufgrund der Wirtschaftskrise des Jahres 2009 leicht. Es ist jedoch zu erwarten, dass sie im Zuge der wirtschaftlichen Erholung im Jahr 2010 und darüber hinaus wieder steigen wer den – sollten sie sich wie vor der Krise weiterentwickeln, würde sich der gesamte CO_2-Ausstoß jährlich um drei Prozent erhöhen. Im Jahr 2100 betrüge dann die Kohlenstoffkonzentration der Atmosphäre 800 ppm (*parts per million*, Teile pro Million Luftpartikel) und wäre damit mehr als dreimal so hoch wie vor Beginn der Industrialisierung. Anders ausgedrückt: Wir müssten den genau entgegengesetzten Weg einschlagen, wenn wir die Klimakrise unter Kontrolle bringen wollten.

Rekarbonisierung: Kohle ersetzt Erdöl

Im Kern ist das Klimaproblem ein Energieproblem, allerdings auf eine ganz andere Weise, als viele denken. Die meisten Menschen sind dieser Ansicht, weil der bei der Verbrennung fossiler Brennstoffe freigesetzte Kohlenstoff den Klimawandel vorantreibt. Natürlich ist das richtig. Aber es ist auch ein Energieproblem, weil der Zeitpunkt der globalen Förderspitze des konventionellen Erdöls (*Peak Oil*) höchstwahrscheinlich immer näher rückt.

Selbst konservative Experten erkennen inzwischen an, dass dieser Höhepunkt der Ölfördermenge in den Ländern, die nicht zur Organisation erdölexportierender Länder (OPEC) gehören, bereits überschritten wurde. Die Welt hängt also zunehmend von einem weiteren Ausbau der Förderung der OPEC-Länder ab – doch dieser kann nicht unendlich weitergehen. Irgendwann in den nächsten zehn bis 20 Jahren wird auch die weltweite Ölfördermenge ihren absoluten Höhepunkt überschreiten

– wenn sie es nicht bereits getan hat – und danach stetig sinken. Dieser Wandel wird unseren Kohleverbrauch enorm in die Höhe treiben. Wenn die Ölförderfirmen in immer widrigere natürliche Umgebungen vordringen und noch tiefer bohren müssen, um ertragsärmere Felder mit niedrigerer Ölqualität zu erschließen, werden sie für jedes zusätzliche Barrel mehr Aufwand treiben müssen. Das Verhältnis zwischen dem zur Förderung des Öls notwendigen Energieverbrauch und der später nutzbaren Energiemenge wird kontinuierlich abnehmen, was Kohle immer attraktiver erscheinen lässt.

Um die Auswirkungen dieses Wandels zu begreifen, hilft ein kleiner Blick in die Geschichte. In den fast zwei Jahrhunderten, in denen die Menschheit vom Holz zur Kohle, später zum Öl und am Ende zum Erdgas als hauptsächlicher Energiequelle überging, nahm die pro erzeugter Energieeinheit freigesetzte CO_2-Menge ständig ab. Bis vor Kurzem hielten viele Energiefachleute diesen stetigen Entkarbonisierungsprozess des menschheitlichen Energiesystems für einen wesentlichen und unaufhaltsamen Trend unserer wirtschaftlichen und technologischen Entwicklung. In den letzten sechs Jahren war jedoch weltweit eine *Rekarbonisierung* der Energieversorgung zu beobachten. Diese Wende ist in bedeutendem Maße auf die wachsenden energetischen Kosten der Suche und Förderung konventionellen Erdöls zurückzuführen.

Noch aus einem weiteren, fundamentaleren Grund stellt unser Klimaproblem ein Energieproblem dar. Untersucht man in der Historie den Niedergang der großen Kulturen – ich selbst habe mich sehr intensiv mit dem Zusammenbruch des Weströmischen Reiches befasst –, ist festzustellen, dass ernsthafte wirtschaftliche, gesellschaftliche und politische Probleme genau dann auftraten, wenn die billigen Energievorräte erschöpft waren: in dem Moment also, in dem der Energiegewinn pro eingesetzter Energiemenge stark zu sinken begann. Wir selbst treten gerade in eine solche Phase ein. Wir haben einen riesigen Vorrat äußerst billiger, hochqualitativer Energie fast vollständig aufgebraucht. Von nun an wird die Energiegewinnung schwieriger und zunehmend teurer.

Klimaprobleme mit noch mehr Energie lösen?

Menschen lösen ihre Probleme im Allgemeinen durch den Einsatz von Energie. Sie entwickeln immer komplexere Institutionen und Technologien, deren Erfindung, Einrichtung und Betrieb immer mehr Energie erfordern. Ausgerechnet in unserer jetzigen geschichtlichen Phase, in der wir unsere zunehmend schwieriger werdenden Probleme nur mit riesigen Mengen Energie lösen können, müssen wir uns dem Übergang stellen von einer Welt reichlicher, billiger Energie in eine Welt, in der Energie ständig knapper und teurer wird.

Gerade zur Bewältigung der Klimakrise werden wir eine Menge Energie benötigen: Wir müssen die Küsteninfrastrukturen umbauen, Menschen aus den Küstenzonen umsiedeln, immer tiefer nach Wasser bohren, Wasser aus neuen Feuchtgebieten in plötzlich ausgetrocknete Gegenden leiten, das Meerwasser an den Küsten entsalzen und Milliarden Tonnen Kohlendioxid in den Untergrund pumpen. Ein steigender Energiebedarf kollidiert also mit einer Verknappung und Verteuerung der Energieförderung.

Unsere Politiker, aber auch die Öffentlichkeit begreifen bisher weder den grundsätzlichen Widerspruch zwischen dieser Energiewende und den schwieriger und komplexer werdenden Problemen, noch dessen Bedeutung. Vor uns liegt eine turbulente Zeit, weltweit geprägt von unterschiedlichsten Krisen, unter anderem Zusammenbrüche von Volkswirtschaften und Landwirtschaftssystemen. Auch ganze Gesellschaften können zerbrechen, wenn das Zusammenwirken von Klimaveränderung, Ressourcenverknappung und wirtschaftlichen Schwierigkeiten zu innerer Instabilität und Gewalt führt.

Diese Zeit muss jedoch nicht automatisch in einer großen Katastrophe enden. Nicht selten zeigen sich die Menschen in solchen Krisen von ihrer kreativsten und erfinderischsten Seite. Oft ziehen plötzlich alle an einem Strang, um die drängendsten Probleme zu lösen.

Schmelzendes Eis und explodierende Brotpreise

Ich bin überzeugt, dass die Menschheit das Problem des Klimawandels erst dann ernsthaft angehen wird, wenn einige größere Schocks und Krisen weite Bevölkerungskreise mobilisiert haben. Dazu könnten beispielsweise Störungen im Bereich der Nahrungsmittelversorgung gehören, die in der Folge die gesamte Weltwirtschaft beeinträchtigen. Das unten beschriebene Szenario zeigt, wie die Klimaereignisse am Nordpol, die chinesische Nahrungsmittelproduktion und die weltweiten Brotpreise zusammenhängen können.

Da die nordpolare Luft über dem arktischen Eis liegt, ist sie kalt und dicht, sodass sie allmählich in tiefere Schichten der Polaratmosphäre absinkt. Dieses Absinken treibt ein globales atmosphärisches Strömungssystem an, die sogenannte »polare Zelle« der Hadley-Zirkulation, das riesige Mengen heißer Luft vom Äquator Richtung Norden befördert. Obwohl Klimaforscher die möglichen weltweiten Folgen eines völligen Verschwindens des Meereises im Arktischen Becken – zu dem es bereits Mitte dieses Jahrzehnts in den Sommermonaten kommen könnte – noch nicht wirklich verstehen, glauben einige, dass es zum Zusammenbruch der polaren Zelle führen wird. Dies würde wiederum den Weg der Jetstreams weiter im Süden dramatisch verändern. Diese Jetstreams beeinflussen die Sturmmuster und Niederschläge in der gesamten nördlichen Hemisphäre, einschließlich des ostasiatischen Monsuns.

Die chinesische Nahrungsmittelproduktion hängt ganz wesentlich von diesem Monsun ab. In den letzten 40 Jahren haben sich die Monsunwinde bereits deutlich abgeschwächt – was den Vorhersagen chinesischer Forscher über die Folgen der weltweiten Erwärmung entspricht. Der Monsun weht im Sommer aus südöstlicher Richtung. Je schwächer er wurde, desto mehr Feuchtigkeit lud er schon im chinesischen Süden ab, was riesige Überschwemmungen im Jangtse-Becken verursachte. Gleichzeitig gelangte weniger Regen in die Weizenanbauregionen auf der nordchinesischen Ebene, sodass diese Gebiete in den vergangenen Jahren mit chronischen Dürren zu kämpfen hatten.

Wir haben es hier also mit einer möglichen Ereigniskette zu tun, die mit dem Abschmelzen des arktischen Meereises beginnt, über die Veränderung der Bahnen der nördlichen Jetstreams zu einer Abschwächung des ostasiatischen Monsuns führt und schließlich einen starken Rückgang der Niederschlagsmenge über bedeutenden chinesischen Ackerbauflächen zur Folge hat. Unter der Annahme, dass die chinesische Nahrungsmittelproduktion aus diesem Grund in mehreren aufeinanderfolgenden Jahren 20 Prozent geringer ausfällt, kann China zwar immer noch 80 Prozent der benötigten Lebensmittel selbst erzeugen, muss aber die restlichen Kornmengen auf dem internationalen Markt kaufen, wenn es seine Getreidereserven endgültig aufgebraucht hat.

China verbraucht jährlich 450 Millionen Tonnen Getreide. Ein 20-prozentiger Rückgang der Produktion würde also zu einem Fehlbetrag von fast 100 Millionen Tonnen führen. Auf dem Weltmarkt werden pro Jahr aber nur etwa 200 Millionen Tonnen Getreide gehandelt. Etwa die Hälfte davon würde also sofort vom Markt verschwinden, wenn China diese 100 Millionen aufkaufte. Dies würde einen weltweiten Preisanstieg bei Grundnahrungsmitteln verursachen. Da die globalen Getreidemärkte durch Handel und Finanzen eng verknüpft sind, würde eine solche Ereigniskette den Brotpreis weltweit verdoppeln oder sogar verdreifachen.

Im Hinblick auf die Produktion und Verteilung wichtiger Getreidesorten wie Weizen und Reis ist die Situation unseres Ernährungssystems bereits heute außerordentlich angespannt. Es ist brüchig und zunehmend instabil. Die Ausgleichslager sind schwach bestückt, die Märkte äußerst spekulationsanfällig und extreme Preisausschläge häufen sich. Die weltweite Lebensmittelproduktion ist außerdem auf Maschinen, Bewässerungsanlagen, Düngemittel sowie Transport- und Lagerungssysteme angewiesen, die ungeheure Energiemengen verbrauchen. In dem Maße, wie die Ölpreise steigen, nehmen auch die bäuerlichen Produktionskosten zu. Darüber hinaus stellen viele Landwirte aufgrund höherer Energiepreise auf die Anpflanzung von Biokraftstoffen um, was die Anbaufläche für Grundnahrungsmittel weiter verringert.

Die Versorgung mit Nahrungsmitteln zu annehmbaren Preisen ist jedoch in vielen armen Ländern ein entscheidender Faktor für die Legitimität und das Überleben der dortigen Regierungen. Als im Sommer 2008 die Lebensmittelpreise explodierten, kam es in 60 armen Staaten zu Aufständen und Gewaltausbrüchen. In diesem bereits äußerst anfälligen Umfeld wäre eine weltweite Verdopplung oder gar Verdreifachung der Grundnahrungsmittelpreise ein herber Schlag für die Weltwirtschaft und alle Regierungen. Die Staaten würden ihre Nahrungsmittelreserven horten. Einige instabile Regime würden zusammenbrechen. Andere könnten versucht sein, durch Kriege mit ihren Nachbarn von ihren internen Versorgungs- und Wirtschaftskrisen abzulenken.

3 Möglichkeitsmomente der Krise

Der Zusammenhang zwischen dem Rückgang des arktischen Meereises und steigenden Brotpreisen ist nur eines von unzähligen plausiblen Szenarien, wie der Klimawandel das Leben der meisten Menschen auf unserem Planeten plötzlich tief greifend verändern könnte. Der tatsächliche Ausgang einer solchen vom Klimawandel verursachten Krise oder gar eines gesellschaftlichen Zusammenbruchs wird davon abhängen, ob wir bereit sind, die Gelegenheiten, die gerade ein solcher Schock zu bieten hat am Schopf zu packen. In diesen ganz besonderen gesellschaftlichen Situationen, die ich »Möglichkeitsmomente« nennen möchte, sind Menschen in ihrer Angst und Wut tatsächlich bereit, Alternativen zum bisherigen Status quo zu erwägen.

Der Möglichkeitsmoment ist ein Augenblick der Entscheidung, in dem kleine Dinge viel bedeuten können, weil sie uns einen ganz bestimmten Weg in die Zukunft einschlagen lassen. Allerdings wird es uns nach einem solchen erderschütternden Klimaschock erst einmal Probleme bereiten, überhaupt etwas zu sehen. Der bequeme bisherige Weg ist endgültig verschwunden und die vor uns liegende neue Straße ist im Nebel der Angst und Unsicherheit kaum zu erkennen.

In solchen Möglichkeitsmomenten gibt es plötzlich nichts Festgefügtes mehr, alles ist zunächst einmal nur vorläufig. Die gesellschaftliche Wirklichkeit lockert ihren Griff. Die ganze Welt ist im Fluss. Uralte Autoritätsbeziehungen zwischen Menschen, Gruppen und Institutionen werden schwächer. Gleichzeitig verlieren tief verwurzelte gesellschaftliche Verhaltensmuster Zweck und Bedeutung. Auf einmal erscheinen Handlungen und Entwicklungen möglich, die bisher undenkbar waren, weil man sie für zu fantastisch oder zu unheilvoll gehalten hatte. Gesellschaften, Gruppen und Individuen fällen viel leichter Entscheidungen, allerdings mit kaum absehbaren Konsequenzen.

In solchen Möglichkeitsmomenten führen Überraschung und Verwirrung zu geistigen Polaritäten: Erwartung wechselt sich mit Furcht, Hoffnung mit Verzweiflung ab. Diese Gefühlsgegensätze bringen die besten und die schlimmsten Eigenschaften des menschlichen Charakters ans Licht: Mut und Feigheit, Großzügigkeit und Habgier, Freundlichkeit und Arglist, Anstand und Betrug.

Möglichkeitsmomente können deshalb ebenso leicht zum Guten wie zum Schlechten führen. Gerät die soziale Wirklichkeit in Bewegung, erzeugt dies Furcht, Hoffnung und Gier. Die Motivation der Menschen, ihre Umstände zu verändern, nimmt dann ebenso zu, wie sich die Möglichkeiten, etwas zu verändern, vervielfachen. Ob diese wirkungsvolle Koinzidenz in endgültiges Chaos oder in Erneuerung mündet, hängt in hohem Maße von der jeweiligen konkreten Situation ab.

Menschen streben nach Klarheit. Sie werden eine Erklärung für die Unordnung haben wollen, die ihr Leben ergriffen hat, eine Erklärung, die ihre Welt wieder wenn schon nicht sicher, dann zumindest kohärent und vorhersehbar werden lässt. Skrupellose Führer könnten dieses Verlangen befriedigen und ihre politische Macht ausbauen, indem sie die bestehenden Gegensätze zwischen ethnischen und religiösen Gruppen, Klassen, Rassen, Nationen oder Kulturen vertiefen. Zunächst werden sie definieren, was es bedeutet, ein »guter Mensch« zu sein, und damit die Mitglieder der Wir-Gruppe bestimmen. Danach definieren und identifizieren sie die »schlechten Menschen«, zu denen die anderen gehören. Dazu zählen »Feinde« wie Einwanderer, Juden, Muslime, Westler, Reiche, Arme oder Farbige, die als Ursache aller Probleme betrachtet und leicht zu Wut- und Hassobjekten degradiert werden können.

Besonders empfänglich für solche Stereotypen sind Menschen, die sich bereits zuvor gedemütigt oder als Opfer gefühlt haben, oder diejenigen, die sich gegenwärtig verunsichert oder an den Rand gedrängt fühlen und deshalb glauben, keinen Einfluss auf die Gesellschaft und keine friedlichen Mittel zu haben, um ihre Unzufriedenheit auszudrücken. Dabei befinden sich die meisten von ihnen nicht unbedingt in einer verzweifelten Lage. Vielmehr haben sie den Eindruck, dass die Kluft zwischen dem, was sie bekommen, und dem, was ihnen ihrer Ansicht nach zusteht, immer tiefer wird. In einer Welt, in der sich Milliarden

Menschen bereits jetzt auf der falschen Seite des immer deutlicher werdenden Wohlstandsgefälles sehen, in der durch einen unerbittlichen Globalisierungsdruck Gemeinschaften und Traditionen auf den Kopf gestellt werden und in der die meisten Menschen der Meinung sind, keine echte politische Stimme zu haben, kann es praktisch überall zu dieser Radikalisierung kommen, selbst wenn eine Krise, wie sie weiter oben beschrieben ist, noch gar nicht eingetreten ist.

In Zeiten der Krise und der gesellschaftlichen Zusammenbrüche gewinnen die schlimmsten Persönlichkeiten und Leidenschaften allzu oft die Oberhand. »Hält die Mitte nicht mehr stand«, schrieb W. B. Yeats im Jahr 1919 in seinem bemerkenswerten Gedicht *Das zweite Kommen*, »sind die Besten voller Zweifel und die Ärgsten von der Kraft der Leidenschaft erfüllt«. Gelingt es den Fanatikern, gleich welcher Richtung, erst einmal, den Wahlausgang zu ihren Gunsten zu gestalten, und verfügen sie und ihre Anhänger über genügend Mittel, haben sie ihre Feinde identifiziert, mit ihren potenziellen Verbündeten Verabredungen getroffen und Pläne für den geeigneten Moment geschmiedet, werden wir Übrigen schnell feststellen, dass uns keine Wahl mehr bleibt. Dann werden wir alle einer Zukunft voller Chaos, Gewalt und Auflösung entgegengehen. Jede Umkehr wird dann unmöglich sein, weil der Kreislauf von Aktion und Reaktion, von Angriff und Vergeltung die Bewegung in die falsche Richtung antreiben und die Animositäten weiter vertiefen wird.

Beim Ausbruch einer Krise ist die Periode unmittelbar nach dem ersten Schock entscheidend. In diesem Möglichkeitsmoment müssen die Menschen, die sich zuvor bereits über Herausforderungen wie den Klimawandel und die daraus zu erwartenden Probleme Gedanken gemacht haben, sofort die Initiative ergreifen. Sie müssen auf attraktive und konstruktive Lösungen für eine humanere Weltgesellschaft hinarbeiten. Nur an diesen historischen Wendepunkten eröffnet sich uns die Möglichkeit, einen grundlegenden Wandel in unserer Gesellschaft, in ihren Kulturen, sozialen Verhaltensmustern und Institutionen durchzusetzen.

Die schöpferische Krise

Die Menschheit steht derzeit vor einer gewaltigen Herausforderung: In einer Welt der nicht zuletzt durch den Klimawandel verursachten Krisen und gesellschaftlichen Zusammenbrüche werden wir geeignete Wege finden müssen, damit diese Erschütterungen nicht in eine Spirale der Gewalt und Auflösung münden, sondern zu einer gesunden Erneuerung führen.

Dieser Gedanke ist weniger radikal, als er im ersten Augenblick erscheinen mag. Solche Zyklen von Krise, Zusammenbruch und Erneuerung sind zum Beispiel in der modernen kapitalistischen Wirtschaft völlig normal. Unternehmen machen Bankrott und an ihrer Stelle entstehen neue. Altvertraute wirtschaftliche Sektoren verschwinden und werden von Industrien abgelöst, die auf neuen Technologien basieren. In Rezessionen wird das Kapital aus ineffizient gewordenen in produktive Firmen umgeschichtet. Dies hilft, den Markt von den Exzessen früherer

Boom-Zeiten zu bereinigen. Joseph Schumpeter, einer der bedeutendsten Ökonomen des 20. Jahrhunderts, beschrieb diese Prozesse als »ewigen Sturm der schöpferischen Zerstörung«, der zumindest teilweise von den ständigen Erneuerungen der Unternehmer angetrieben werde. In anderen Teilen unserer Gesellschaft sind jedoch Unbeweglichkeit und Beharrungsvermögen eher die Regel als die Ausnahme. Festgefahrene Gewohnheiten, Überzeugungen und Interessen sorgen dafür, dass sich die angestammten Besitz- und Machtstrukturen und tief verwurzelten Gesellschafts- und Verbrauchermuster kaum verändern.

Dennoch müssen wir einen Mittelweg zwischen der aktuellen gefährlichen Starre und der zunehmenden Wahrscheinlichkeit künftiger Katastrophen finden. In unseren Organisationen, sozialen und politischen Systemen und unserem individuellen Leben müssen wir die Möglichkeit für etwas schaffen, das Computerprogrammierer und Katastrophenschützer als »Fehlertoleranz« bezeichnen. Fällt ein fehlertolerantes System aus, ist der Schaden nur begrenzt. Es kann wieder hochgefahren werden und die Möglichkeiten für eine schöpferische Erneuerung bleiben bestehen.

Ich werde im Folgenden einige wichtige Bedingungen behandeln, die einen nichtlinearen Wandel, also eine umfassende kulturelle Wende ermöglichen. Diese Wende wird vermutlich in einer Zeit der Krise beginnen. Ich konzentriere mich dabei auf vier Faktoren, die für einen kulturellen und gesellschaftlichen Wandel unverzichtbar sind:

- eine kognitive Wende,
- eine ökonomische Wende,
- eine politische Wende und
- eine normative Wende.

4 Die kognitive Wende

Mithilfe der kognitiven Wende werden Menschen die Auswirkungen komplexer Zusammenhänge besser verstehen. Sie wird unseren Gesellschaften helfen, mit komplexen Problemen wie dem Klimawandel besser umzugehen. Wir müssen vor allem begreifen, dass sich unsere Welt im Wesentlichen nicht, wie viele glauben, aus Maschinen, sondern aus komplexen Systemen zusammensetzt.

Komplexität ist für mich etwas Technisches. Wenn ich das Konzept meinen Studenten erkläre, bringe ich eine alte mechanische Aufziehuhr ins Seminar mit, die normalerweise bei mir zu Hause auf dem Kaminsims steht. Ich stelle fest, dass ich die Uhr in ihre Einzelteile – Lagerbuchsen, Federn, Rädchen, Schrauben – zerlegen und dass ich verstehen kann, wie alle diese Teile und Teilchen funktionieren. Wenn ich die Teile wieder zusammensetze und die Uhr nicht richtig läuft, kann ich herausfinden, an welchen Teilen das Problem liegt. Etwas ist verbogen oder nicht an seinem richtigen Platz. Anders ausgedrückt: Ich kann diese Maschine in ihre Einzelteile zerlegen und erhalte dabei ein sehr genaues und vollständiges Verständnis ihrer Funktionsweise.

Viele Probleme, mit denen wir in unserer heutigen Welt konfrontiert werden, beruhen nicht zuletzt auf unserem Glauben, dass sich die Welt hauptsächlich aus Maschinen wie meiner Uhr zusammensetzt. Tatsächlich besteht sie jedoch weitgehend aus komplexen Systemen. Maschinen lassen sich auseinandernehmen, analysieren und vollständig verstehen. Schließlich sind sie ja nicht mehr als die Summe ihrer Teile. Sie weisen »normale« Funktionsmuster auf, je nachdem, wie wir die »Normalität« dieser bestimmten Maschine definieren. Vor allem aber sind bei ihnen Ursache und Wirkung immer proportional. Kleine Ursachen rufen kleine und große Ursachen rufen große Wirkungen hervor. Aufgrund dieser Eigenschaften können wir das Verhalten von Maschinen oft sehr genau vorhersagen und regeln.

Die Kabeljau-Katastrophe

Ich glaube, dass diese Denkweise Katastrophen wie den Zusammenbruch der umfangreichen Kabeljaufischerei vor der nordamerikanischen Ostküste in den 1980er- und frühen 1990er-Jahren mitverursacht hat. Diese Fischereizone war das produktivste Ökosystem der ganzen Welt – sie erzeugte jährlich mehr Biomasse als jedes andere Umweltsystem. Heute ist sie weitgehend verschwunden. Dabei glaubten viele kluge kanadische Wissenschaftler, ihre Zusammenhänge und Funktionsweise gut zu verstehen. Auf der Grundlage dieser Annahmen bestimmten sie die nachhaltige jährliche Ertragsmenge, also die Hunderttausende von Tonnen Kabeljau, die man jedes Jahr fangen konnte, ohne die Fischpopulationen dauerhaft zu schädigen. Es stellte sich jedoch heraus, dass noch viele andere Faktoren das Verhalten und die Produktivität der Fischbestände beeinflussten. Dazu gehören Veränderungen der Temperatur und des Salzgehalts des Ozeans, die unterschiedlichen Mengen Fisch, die jedes Jahr den Robben zum Opfer fielen, vor allem aber die Überfischung durch ausländische Fabrikschiffe außerhalb der kanadischen Ausschließlichen Wirtschaftszone. Vor dem Hintergrund dieser anderen Faktoren waren die kanadischen Fangquoten viel zu hoch, sodass das gesamte System schließlich zusammenbrach.

Komplexe Systeme wie die Kabeljaufischerei sind letztlich mehr als die Summe ihrer Teile. Sie haben das, was Fachleute emergente Eigenschaften nennen: Im Zusammenwirken all ihrer Bestandteile können Dinge geschehen, die man auch bei einer vollständigen Kenntnis jedes einzelnen dieser Teile niemals erwartet hätte. Sie können deshalb plötzlich von einem Verhalten zum anderen wechseln. Sie haben also multiple Gleichgewichte. Außerdem sind bei ihnen Ursache und Wirkung nicht mehr proportional: Kleine Ursachen können enorme Folgen haben, während wirklich große Veränderungen manchmal überhaupt keine Auswirkungen auf das System zu haben scheinen. Fachleute bezeichnen dies als »nichtlineares Verhalten«.

Wie wir am Beispiel der Kabeljaufischerei gesehen haben, sind Systeme mit solchen Eigenschaften nur schwer zu beherrschen, da ihr Verhalten nur schwer vorauszusagen ist. An dieser Stelle sollten wir einen Gedanken aufgreifen, der ursprünglich von Frank Knight stammt, der von den 1920er- bis in die 1940er-Jahre hinein als einer der bekanntesten amerikanischen Ökonomen seiner Zeit die wirtschaftswissenschaftliche Fakultät der Universität von Chicago leitete. Wie er sollten wir zwischen Risiko und Ungewissheit unterscheiden. Da unsere Welt in vielerlei Hinsicht immer komplexer wird – oder wir die komplexen Klimasysteme unseres Planeten zunehmend in Unordnung bringen –, geht sie allmählich von einer Welt des Risikos zu einer Welt der Ungewissheit über.

Unbekannte Unbekannten

In einer Welt des Risikos stehen uns Daten zur Verfügung, auf deren Grundlage wir die Wahrscheinlichkeit der künftigen Entwicklung eines Systems beurteilen können, für das wir uns interessieren, sei es eine Volkswirtschaft, ein ökologisches System oder das irdische Klima. Mithilfe solcher Daten können wir auch Wahrscheinlichkeitsberechnungen über Kosten und Nutzen der jeweiligen Entwicklungswege anstellen. In einer Welt der Ungewissheit fehlen uns dagegen die Daten für eine solche Einschätzung. Berühmte Worte des früheren US-Verteidigungsministers Donald Rumsfeld zitierend, haben wir es dann mit »unbekannten Unbekannten« zu tun.

Ich bin wirklich kein großer Fan von Don Rumsfeld – was wahrscheinlich auch für viele meiner Leser gilt –, aber wenigstens einmal in seiner Karriere als Verteidigungsminister machte er damals eine wirklich kluge Aussage. Ironischerweise wurde er für diese Bemerkung wahrscheinlich mehr als für jede andere verspottet. Als sich die Ereignisse im Irak sehr schlecht entwickelten, kommentierte er dies folgendermaßen: »Es gibt bekannte Bekannte, es gibt bekannte Unbekannte und es gibt unbekannte Unbekannte.« Natürlich stürzte sich die gesamte Presse auf diesen Satz: »Don ist jetzt endgültig nicht mehr von dieser Welt«, war der allgemeine Tenor. Aber wie sich später herausstellte, hatte Rumsfeld vollkommen recht. Inzwischen hat das amerikanische Militär die Richtigkeit des Konzepts der »unknown unknowns«, der »unbekannten Unbekannten«, so sehr verinnerlicht, dass es in seinen Berichten inzwischen als »unk unks« abgekürzt wird. Alle, die einmal auf dem Schlachtfeld gekämpft haben, wissen, dass dort aus heiterem Himmel völlig Unerwartetes geschehen kann. Bereits im 19. Jahrhundert sprach Carl von Clausewitz in seiner berühmten Abhandlung *Vom Kriege* über den »Nebel des Krieges« und die »Friktionen«, wie er die unkalkulierbaren Ereignisse und Einflüsse auf dem Schlachtfeld nannte. Von Clausewitz wusste also, dass man immer auf Überraschungen gefasst sein muss. Im Alltag sagt man »So kann's kommen«, wenn etwas geschieht, das man überhaupt nicht vorausgesehen hat. In einer Welt der unbekannten Unbekannten wissen wir nicht einmal, welche Fragen wir stellen sollen. Wir erkennen nicht einmal mehr unsere eigene Ignoranz.

Wir erleben derzeit eine Finanzkrise ungeahnten Ausmaßes. Eine wichtige, bisher völlig übersehene Ursache dieser Krise ist meiner Meinung nach die kulturell begründete Annahme der Mitglieder der Finanzmarktakteure, in einer Welt des Risikos zu operieren – ohne zu bemerken, dass es sich zunehmend um eine Welt der *Ungewissheit* handelt. Viele der besten Finanzmarktakteure kommen aus den Mathematik- und Physikfakultäten von Hochschulen wie dem Massachusetts Institute of Technology, an dem ich promoviert habe. Mithilfe der dort erworbenen ausgefeilten analytischen Werkzeuge, schätzten sie vermeintlich präzise die Risiken ein, die Finanzinnovationen wie *Collateralized Debt Obligations, Structured Investment Vehicles* oder *Credit Default Swaps* tragen. Im Laufe der Zeit sind überall Vermögen aus diesen neuen Finanzinstrumenten in den Bilanzen von Unternehmen und Privatleuten aufgetaucht und haben ein riesiges, weltweites Kreditgebäude geschaffen.

Innerhalb des Finanzsektors hielt kaum jemand diese Entwicklungen für gefährlich – ausgehend von der Annahme, deren Risiken verstanden zu haben. Ihnen war nicht bewusst, dass sie durch die allmähliche Anhäufung der neuartigen Finanzprodukte eine Welt der unbekannten Unbekannten schufen. Als man außerhalb des Finanzsektors erkannte, was geschehen war, war das Vertrauen in *alle* Aktiva dieser Bilanzen verloren, und die Weltwirtschaft brach mit atemberaubender Geschwindigkeit zusammen. Niemand mehr wollte mit anderen Leuten Geschäfte tätigen, wenn nicht absolut sicher war, dass das Gegenüber seine Verpflichtungen auch tatsächlich erfüllen konnte. Dies ist der eigentliche Grund unserer gegenwärtigen Wirtschaftskrise.

Ich bin der Ansicht, dass viele Ursachen dieser Krise mit unserer Sichtweise auf die Grundstrukturen der Welt zu tun haben. Deshalb müssen wir zuerst eine *kognitive* Wende herbeiführen. Dabei geht es um eine vollständige Veränderung unserer »innersten Weltsicht«, dessen, was Wissenschaftsphilosophen »Ontologie« nennen, mit deren Hilfe wir die Strukturen der uns umgebenden Welt zu verstehen versuchen.

Ungewissheit, Nichtlinearität und Verzögerungseffekte

Der Klimawandel ist ein Beispiel für das, was Fachleute manchmal als »bösartiges Problem« bezeichnen. Solche Probleme entstehen fast immer in hochkomplexen Systemen, die in der Regel durch drei Merkmale charakterisiert sind: Neben der bereits erwähnten hohen Ungewissheit und dem nichtlinearen Verhalten, zählen dazu auch Verzögerungseffekte unbestimmter Länge, die nach Systemstörungen auftreten können. Diese *time lags* können lang oder kurz sein. Normalerweise sind ihre konkreten Auswirkungen auf das System schwer berechenbar. Im Folgenden möchte ich diese drei Merkmale in Bezug auf den Klimawandel veranschaulichen.

Betrachten wir zunächst die Ungewissheit. Unsere Klimamodelle liefern zwar ziemlich genaue kurzfristige Vorhersagen, doch je weiter wir über die unmittelbare Zukunft hinausschauen, desto mehr nimmt die Ungewissheit über zukünftige

Entwicklungen zu. Alle von den weltweit führenden Klimaforschern erstellten Klimamodelle weisen jeweils eine bestimmte Wahrscheinlichkeitsverteilung zukünftiger Temperaturen auf. Diese ergibt eine Gauß'sche Glockenkurve mit einem hohen, schmalen Verlauf, wobei die wahrscheinlichsten Temperaturen am Scheitelpunkt der Kurve liegen, während die Wahrscheinlichkeiten der höheren und niedrigeren Temperaturen vom Scheitelpunkt nach beiden Seiten hin steil abfallen, während die glockenförmigen Verteilungskurven selbst alle hoch und schmal sind und auf beiden Seiten sehr steile Anstiege aufweisen. Für den Zeitraum 2020 bis 2029 zeigen diese Modelle in der Regel übereinstimmend einen durchschnittlichen Temperaturanstieg von fast einem Grad Celsius: Die Verteilungsschätzungen überlappen sich in hohem Maße.

Mit Annäherung an das Ende des Jahrhunderts, wird diese Übereinstimmung zwischen den Modellen allerdings immer geringer und sie generieren plötzlich völlig unterschiedliche Wahrscheinlichkeitsverteilungen der zukünftigen Temperaturen. Die Kurven überlappen sich immer weniger, das heißt, die Modelle machen über das Tempo der Erderwärmung völlig unterschiedliche Aussagen. Am wichtigsten ist jedoch, dass die Verteilungskurven sogenannte *fat tails*, »fette Verteilungsenden«, entwickeln. Ihre Glockenformen sind an den Rändern abgeflacht und erstrecken sich bis weit in den Bereich der niedrigeren, vor allem aber der höheren Temperaturen.

Die *fat tails* deuten darauf hin, dass die globale Erderwärmung gegen Ende dieses Jahrhunderts wesentlich höher sein könnte als die bisher allgemein geschätzten etwa drei Grad Celsius. Einige Modelle sagen sogar einen durchschnittlichen Temperaturanstieg von vier, fünf, sechs oder sogar sieben Grad Celsius voraus. Eine solche Erwärmung hätte katastrophale Auswirkungen auf die menschliche Zivilisation.

Wirtschaftswissenschaftler debattieren derzeit heftig über die Konsequenzen der *fat tails* und über die sich aus den widersprüchlichen Aussagen der Modelle ergebende Unsicherheit. Bedeutende Teilnehmer dieser Diskussion sind Martin Weitzmann von der Harvard-Universität und der Yale-Professor Bill Nordhaus.

Ich persönlich stimme dabei Weitzmans Ansicht zu: Wenn wir die Ergebnisse dieser Modelle ernst nehmen, wenn wir also akzeptieren, dass eine Erderwärmung von vier, fünf, sechs oder sogar sieben Prozent durchaus möglich sein könnte, sollten wir alles in unserer Macht Stehende tun, um diese Entwicklung zu verhindern. Anders ausgedrückt: Eine Fat-Tail-Möglichkeit auszuschließen, sollte Ziel der politischen Entscheidungen sein.

Bisher finden jedoch alle Diskussionen über die wirtschaftlichen Kosten des Klimawandels auf der Grundlage der bisher allgemein angenommenen Vorhersage einer Erderwärmung von etwa drei Grad Celsius statt und ignorieren damit die Möglichkeit, dass sie weit höher ausfallen könnte.

Die Diskussion über die *fat tails* führt uns auch in die Arktis. Wie bereits erwähnt ändert sich das arktische Klima viel schneller als erwartet und ist den Prognosen um 20 bis 50 Jahre voraus. Auch dies zeigt erneut, wie unsicher unsere Kenntnisse des Klimasystems sind.

Sie erinnern sich wahrscheinlich noch an die dramatische Beschleunigung des Meereisverlustes im September des Jahres 2007, die zur bisher geringsten flächenmäßigen Ausdehnung des Meereises im Arktischen Becken führte (in den Jahren 2008 und 2009 fiel der Verlust wieder etwas geringer aus). Dieses Ereignis war möglicherweise ein frühes Anzeichen der Nichtlinearität des Klimasystems. Einige Wissenschaftler gehen davon aus, dass sich die Strömungsmuster des Ozeanwassers und der arktischen Luft neu geordnet haben – auf dieselbe Weise, wie sich die Kabeljaubestände vor der Ostküste Nordamerikas dauerhaft verändert und nicht ihr vorheriges Gleichgewicht wiedergefunden haben. In relativ kurzer Zeit könnten wir also einen fundamentalen nichtlinearen Wandel einer der wichtigsten Grundlagen des Erdklimas, der Kryosphäre, erleben, der vom Eis bedeckten Fläche unseres Planeten, die sich hauptsächlich im Bereich von Nord- und Südpol erstreckt.

Hinzu kommen die »Verzögerungseffekte« oder *time lags*. Unsere Klima- und Energiesysteme weisen unzählige solcher Verzögerungen auf. So zum Beispiel die Verzögerung zwischen unserem CO_2-Ausstoß und der Reaktion unseres Klimas, die manchmal Jahrhunderte betragen kann oder die Zeitverzögerung zwischen der politischen Entscheidung, die Energieinfrastruktur zu verändern, und der tatsächlichen Durchführung dieser Änderung. Die Umstellung auf eine Null-Kohlendioxid-Weltwirtschaft wird wenigstens ein Jahrhundert dauern. Mit jedem neuen Kohlekraftwerk planen wir in unserer Energieinfrastruktur mindestens 50 weitere Jahre Kohleverbrauch ein. Im Jahr 2008 erweiterte China seine Stromerzeugungskapazität aus Kohlekraftwerken um etwa 500 Megawatt pro Woche. Dies ergab im ganzen Jahr ungefähr 70.000 Megawatt, was etwa der gesamten Elektrizitätserzeugung Frankreichs entspricht. Damit hat sich China für enorme Langzeit-Kohlendioxidemissionen entschieden. Es wird extrem lange dauern, die Auswirkungen dieser Entscheidung rückgängig zu machen.

Angesichts hoher Ungewissheit und langer Zeitverzögerungen neigen wir dazu, die Dinge zu verschleppen und erst einmal nichts zu tun – doch das ist keine Lösung. Solange wir uns nicht mit den einem System zugrundeliegenden Entwicklungen und seinen zunehmenden Belastungen befassen, wird das System irgendwann vermutlich nichtlinear – es wird umkippen. Ab diesem Moment können wir kaum noch zum vorherigen Zustand des Systems zurückkehren.

Daher muss den Menschen zunächst bewusst werden, dass wir nicht in einer mechanistischen Welt leben, deren Teile einzeln für sich und ganz genau geregelt werden können. Die Welt ist komplex und zeichnet sich aus durch die Merkmale Nichtlinearität, Verzögerungseffekte und hohe Ungewissheit. Allerdings wird es nicht genügen, allein die Strukturen unserer Wahrnehmung zu verändern. Ebenso müssen wir unser Verhalten sowie unsere politischen und wirtschaftlichen Institutionen ändern, um in einer zunehmend nichtlinearen Welt zurechtzukommen.

5 Die ökonomische Wende

Im Hinblick auf die ökonomische Wende konzentriere ich mich auf ein Thema, das in den aktuellen Diskussionen über die wirtschaftlichen Auswirkungen des Klimawandels kaum behandelt wird. Diese Debatten betonen zu Recht, wie wichtig es ist, auch die Kosten für Umweltschäden in den Preis eines Produkts einzubeziehen. Fachleute sprechen hier von einer Internalisierung externer Kosten. Ihrer Meinung nach sollte es auch etwas kosten, die Atmosphäre als Müllkippe für Kohlendioxid zu nutzen.

Wir müssen ja auch dafür bezahlen, unseren Hausabfall auf einer Mülldeponie entsorgen zu lassen. In meiner kanadischen Heimatstadt muss ich für jeden Müllbeutel, den die städtischen Müllmänner einmal pro Woche abholen, eine bestimmte Gebühr entrichten. Im Gegensatz dazu ist die Atmosphäre derzeit immer noch eine öffentliche Abfalldeponie, die wir alle kostenlos benutzen. Letztlich werden unsere Kinder und Enkel die externen Kosten dieser Nutzung der Atmosphäre bezahlen müssen. Externe Kosten zu internalisieren, wird also wesentlicher Teil der kommenden ökonomischen Wende sein müssen.

Über einen anderen Teil dieser Wende wird weit weniger geredet: den Wandel zu einer weltweiten »Steady State«-Ökonomie, also einem Weltwirtschaftssystem des langfristigen Gleichgewichts. Diese Umstellung erfordert auch eine Stärkung der systemischen Widerstandsfähigkeit. Dies muss zentraler Bestandteil des notwendigen Kulturwandels sein. Ich werde im Folgenden erklären, was ich damit meine.

Zweifel an der ökologischen Kuznets-Kurve

Dabei widerspreche ich der in jüngerer Vergangenheit unter dem Begriff »Ökologische Kuznets-Kurve« bekannt gewordenen Theorie (Kuznets 1957). Ihr zufolge nimmt in ärmeren Ländern die ökologische Belastung mit steigendem Bruttoinlandsprodukt bis zu einem bestimmten Punkt zunächst zu, um dann wieder zurückzugehen (auch bezeichnet als umgekehrte U-Funktion).

Bei genauerer Betrachtung historischer Daten der wohlhabenden Länder in Europa, Nordamerika und Asien lässt sich dieser Zusammenhang für gewisse Schadstoffe wie Schwefeldioxid und Blei tatsächlich feststellen. Im Hinblick auf den CO_2-Ausstoß – den ich für das geeignetste Maß für die von Menschen verursachte Umweltbelastung halte – ist jedoch ein kontinuierlicher Aufwärtstrend zu erkennen. In jeder modernen Volkswirtschaft hat sich mit zunehmendem Wohlstand die CO_2-Emission weiter erhöht, wenn auch vielleicht nicht in gleichbleibendem Ausmaß. Was Kohlendioxid angeht, lässt sich also beim besten Willen nichts erkennen, was mit einer ökologischen Kuznets-Kurve Ähnlichkeit hätte.

Was geht hier vor? Warum erzählen uns konservative Wirtschaftswissenschaftler etwas von einer ökologischen Kuznets-Kurve, während die Untersuchung der CO_2-Emissionen etwas ganz anderes zeigt? Der Grund hierfür liegt meines Erachtens im Wirtschaftswachstum. Als in den 1960er-, 1970er- und 1980er-Jahren die Wirtschaft in den reichen Ländern rapide wuchs, haben wir im ökologischen Bereich in End-of-Pipe-Technologien investiert, also in Systeme, die die Umweltbelastung durch nachgeschaltete Maßnahmen verringern sollten. So haben wir etwa die Abluft unserer Kraftwerke, unsere Abwässer und einen Großteil der Abgase aus unseren Autoauspuffanlagen gereinigt. Doch dabei handelte es sich lediglich um sichtbare Stoffe, die sich in der Luft unserer Städte und dem Wasser unserer Bäche, Flüsse und Seen angesammelt hatten, oder um Stoffe, die wir riechen und schmecken können. Als die Bevölkerung in demokratischen Staaten wohlhabender wurde und sich für die Umwelt zu interessieren begann, appellierten sie an ihre Politiker: »Bringt das wieder in Ordnung! Das könnte uns krank machen! Es sieht hässlich aus. Es stinkt. Putzt das weg!«.

In fast allen Fällen hatten die End-of-Pipe-Lösungen einen höheren Energieverbrauch zur Folge. Da ein Großteil unserer Energie aus fossilen Brennstoffen stammt, bedeutet ein höherer Energieverbrauch auch einen höheren CO_2-Ausstoß. So steigerten zum Beispiel die an den Auspuffanlagen angebrachten Katalysatoren (*end of the pipes*) den Benzinverbrauch unserer Autos. Der Himmel über unseren Städten war zwar nun klarer, unser CO_2-Ausstoß jedoch höher.

Trotzdem gelang es den reichen Ländern in dieser Zeit, ihre Energieeffizienz erheblich zu verbessern, wobei diese Effizienz als die Menge an Energie oder Materialien definiert wird, die für jeden Dollar des Bruttoinlandsprodukts verbraucht werden muss. Damals waren Effizienzsteigerungsraten von zwei Prozent pro Jahr nicht ungewöhnlich. Über einen Zeitraum von 30 Jahren führten diese Verbesserungen zu einem bedeutenden Wandel. Zwischen 1970 und 2000 steigerten die reichen Länder ihre Material- und Energieeffizienz um mindestens 40 Prozent.

Doch all diese Verbesserungen wurden durch das Wirtschaftswachstum zunichte gemacht. Nimmt man den CO_2-Ausstoß dieser Länder als Bezugsgröße, so nahm die von ihnen verursachte Gesamtumweltbelastung im Laufe der Jahre ständig zu. Jährliche Effizienzsteigerungen von zwei Prozent standen dabei einem Wirtschaftswachstum von mindestens drei Prozent gegenüber. Da gleichzeitig aber alle *sichtbaren* Probleme wie die sichtbare Verschmutzung unserer Gewässer und der Luft über unseren Städten weitgehend beseitigt worden war, waren die zusätzlichen Belastungen, die wir unserer Umwelt und unserem Planeten zugemutet haben, überhaupt nicht mehr zu erkennen. Wir haben die Umweltbelastung über unseren eigenen Zeit- und Raumhorizont hinausverlagert. Die Menschen, die für diesen zusätzlichen Kohlendioxidausstoß bezahlen müssen, leben an anderen Orten unseres Planeten oder – unsere Kinder und Kindeskinder – in einer anderen Zeit, der Zukunft.

Wachstumsglaube ist kulturell tief verwurzelt

Wir müssen uns also fragen: Warum sind wir so sehr auf dieses Wirtschaftswachstum versessen? Hier kommen einige tief gehende kulturelle Faktoren ins Spiel. Wir haben in unseren Kulturen und Gesellschaften vier Gleichsetzungen verinnerlicht – nicht zuletzt, weil diese durch zahlreiche Beweise gestützt werden.

1. Wachstum ist gleich Solvenz

   Nach dem Zweiten Weltkrieg gelang es den am Krieg beteiligten, hoch verschuldeten Staaten, ihren Schulden durch Wirtschaftswachstum zu entkommen. In ähnlicher Weise mindern auch wir unsere persönliche Schuldenlast durch Wachstum: Mit zunehmendem Haushaltseinkommen und Wohlstand werden unsere Schulden im Verhältnis dazu immer geringer und die Schuldenzahlungen benötigen einen immer kleineren Teil unseres Einkommens. Wir halten die vermeintliche Zahlungsfähigkeit unserer Rentenkasse dadurch aufrecht, dass wir annehmen, das Wirtschaftswachstum werde die künftigen Zahlungsverpflichtungen finanzieren. Sowohl implizit als auch explizit assoziieren wir mit Wachstum die Aufrechterhaltung unserer Zahlungsfähigkeit.

2. Wachstum ist gleich Freiheit
   Diese Gleichsetzung geht vermutlich auf die Renaissance zurück, wo die modernen Ideen des gesellschaftlichen, geistigen und wissenschaftlichen Fortschritts ihren Ursprung haben. Die Aufklärung trug dazu bei, diesen Gedanken in den westlichen Kulturen noch tiefer zu verankern. Heute sind einige konservative Wirtschaftswissenschaftler wie Benjamin Friedman von der Harvard-Universität der Ansicht, dass wir nur dann wahrhaft frei sein können, wenn wir in Gesellschaften mit dauerhaftem Wirtschaftswachstum leben.

3. Wachstum ist gleich Glück
   In unserer inneren Vorstellungswelt setzen wir Wohlstand mit Glück gleich: Je wohlhabender wir sind, desto glücklicher werden wir sein. Wissenschaftler beschäftigen sich seit Langem mit der Frage, ob dies tatsächlich zutrifft. Vieles spricht allerdings dafür, dass es insbesondere bei niedrigen Einkommen einen engen Zusammenhang zwischen Wohlstand und Glücksempfinden gibt. Jenseits eines Jahreseinkommens von 20.000 Dollar scheint sich dieser jedoch abzuschwächen: Dann wird jeder zusätzliche Dollar als geringerer Zugewinn empfunden, da die menschlichen Grundbedürfnisse bereits befriedigt sind.

Schließlich möchte ich noch die überzeugendste und kulturell einflussreichste Gleichsetzung anführen:

4. Wachstum ist gleich Frieden

Diese Lektion haben wir bereits in den 1930er-Jahren gelernt: Ein Zusammenbruch der Wirtschaft führt zu politischem Extremismus und dessen schrecklichen Folgen wie dem Zweiten Weltkrieg. John Maynard Keynes begriff diesen Zusammenhang und entwickelte Methoden, die ein dauerhaftes Wirtschaftswachstum gewährleisten sollten. Es ist jedoch eine Ironie der Geschichte, dass der Mann, der vielen links der Mitte als Vorreiter einer fortschrittlichen Wirtschaftswissenschaft gilt, uns gleichzeitig die Werkzeuge verschafft hat, mit denen wir die Natur unseres Planeten zerstören. Erst kürzlich in der schweren Wirtschaftskrise haben die Bankiers und Politiker weltweit jedes einzelne keynesianische Instrument des wirtschaftlichen Werkzeugkastens eingesetzt, um den Konsum zu fördern und zu stützen. Scheinbar lässt sich die Belastung der Umwelt durch den Menschen nur durch einen wirtschaftlichen Zusammenbruch verringern.

Wir benötigen also eine geeignete Alternative zum Wirtschaftswachstum, die diese vier Gleichsetzungen berücksichtigt. Dies ist insofern eine kulturelle Herausforderung, als diese Gleichsetzungen tief in unserer Kultur verankerte Annahmen darstellen, die von vielen empirischen Beweisen und langjährigen Erfahrungen gestützt werden. Ein solcher Kulturwandel wird nicht leicht zu bewerkstelligen sein. Wenn wir irgendwann in diesem Jahrhundert zu einer Steady-State-Ökonomie übergehen wollen – was unabdingbar ist –, müssen wir uns zuvor über unseren künftigen Weg klar werden. Wir müssen also wissen, wie wir auch ohne Wachstum Zahlungsfähigkeit, Glück, Freiheit und Frieden gewährleisten können.

Es gilt dabei immer zu bedenken, dass etwa fünf Prozent der Weltbevölkerung von höchstens zwei Dollar am Tag leben müssen. Für sie ist Wirtschaftswachstum natürlich absolut notwendig, weil es den Unterschied zwischen Leben und Tod bedeuten kann. Eine auf das Erreichen eines langfristigen weltweiten Gleichgewichts angelegte Steady-State-Ökonomie muss jedoch nicht auf jegliches Wachstum verzichten. Einige Teile dieser Wirtschaft dürfen durchaus weiter wachsen, andere dagegen nicht. Einige werden vielleicht sogar schrumpfen müssen, jedenfalls was ihren Durchsatz an Energie, Materialien und Ressourcen sowie ihre Abfallerzeugung angeht. Vor diesem Hintergrund ist eine Umverteilung des Wohlstands, des Einkommens und der Wachstumsmöglichkeiten innerhalb der Weltwirtschaft unabdingbar.

Da das Klimaproblem auf diese Weise eng mit dem Wachstum verknüpft ist, handelt es sich letztlich um ein weltweites Gerechtigkeitsproblem, eine Tatsache, die jedoch nur selten diskutiert wird. Die Klimafrage hängt also mit der ungeheuren Kluft zwischen Arm und Reich zusammen. Der verstorbene amerikanische Wirtschaftswissenschaftler John Kenneth Galbraith schrieb einmal, dass Wachstum das beste »Schmiermittel« zwischen Arm und Reich sei. Sollte das globale Wirtschaftswachstum im weiteren Verlauf dieses Jahrhunderts etwa aufgrund der zunehmenden Schäden durch den Klimawandel und der Energieverknappung plötzlich und ungewollt zu Ende sein, müssen wir über alternative Modelle verfügen, wenn sich Arm und Reich überall auf der Welt nicht bis aufs Blut bekämpfen sollen.

Was aber ist nun die Alternative zu unserem sturen Festhalten an der Wachstumsidee? Wie könnte eine Steady-State-Ökonomie, also eine Wirtschaft, in der die Produktion von Gütern und Dienstleistungen auf Dauer ungefähr gleich bleibt, überhaupt aussehen? Auf welchen wirtschaftlichen und ethischen Grundsätzen würde sie beruhen? Könnte sie auch eine (wenngleich radikal veränderte) Version des Marktkapitalismus beinhalten? Wäre sie mit der politischen und persönlichen Freiheit vereinbar? Und wie würden wir mit den politischen und gesellschaftlichen Konflikten umgehen, die nach dem Ende des Wachstums unweigerlich auftreten werden?

Um ehrlich zu sein: Ich habe keine erschöpfenden Antworten auf diese Fragen. Tatsächlich sind sie noch weitgehend unbeantwortet, obwohl uns zunehmend bewusst wird, dass ungebremstes endloses materielles Wachstum die irdische Umwelt unweigerlich zerstört.

Die sogenannte herrschende Meinung geht derzeit immer noch davon aus, dass eine Gesellschaft ohne Wachstum bestenfalls ein armseliges Leben bieten würde, schlimmstenfalls sogar ein brutales Gewaltregime sein müsse. Vielleicht können wir uns auch eine völlig andersartige Zukunft einfach nicht vorstellen. Sucht man nach Alternativen zum Wachstum, muss man über Alternativen zu den konventionellen Wirtschaftsideen nachdenken. Diese können sich bekanntlich auf ein schlüssiges System von Annahmen, Theorien und empirischen Forschungen stützen, die die Legitimität des globalen Kapitalismus und die Macht der weltweiten kapitalistischen Eliten untermauern. Im Zentrum dieser Weltsicht steht die Annahme, dass sich die Wirtschaft grundsätzlich von der Natur unterscheidet und ungefähr wie eine oben beschriebene Maschine funktioniert. Die Funktionsweise dieser Maschinerie ist linear, berechenbar und umkehrbar, weswegen sie auch von einer weltweiten Technokratenkaste, zu der nicht zuletzt Bankiers und Regierungsbeamte gehören, »gemanagt« werden kann, die über ökonomisches Herrschaftswissen verfügt.

Eine detailliert ausgearbeitete alternative Sichtweise würde bei uns allen die Erkenntnis befördern, dass die konventionellen wirtschaftlichen Vorstellungen keine unangreifbare Wahrheit, sondern nur eine besonders wirkmächtige Ideologie darstellen. Wir haben es dabei mit einer Mischung aus wissenschaftlichen Erkenntnissen, analytischen Trockenübungen, Werturteilen und Eigenlob zu tun. Wir müssen jedoch begreifen, dass die Wirtschaft eng mit der Natur und ihren Energieflüssen verknüpft ist. Das größere ökonomisch-ökologische System funktioniert deshalb oft ganz und gar nicht wie eine Maschine. Stattdessen wird seine Funktionsweise als komplexes System von Schwelleneffekten bestimmt. Es ist deshalb oft weder berechenbar noch kontrollierbar. Eine alternative Sicht würde auch anerkennen, dass es für einige der wertvollsten Dinge, die uns die Natur schenkt –

zum Beispiel die Biodiversität und ein günstiges Klima –, keinen Ersatz gibt. Aus diesem Grund müssen wir ihnen einen ausdrücklichen ökonomischen Wert zuweisen und damit einen Anreiz schaffen, sie zu schützen.

Das konventionelle Wirtschaftsdenken ist zur alles beherrschenden geistigen Rechtfertigung der momentanen Weltordnung geworden. Da es dieser Rationalisierung jedoch immer weniger gelingt, Finanzkrisen vorauszusehen oder geeignete Mittel gegen den drohenden Klimawandel bereitzustellen, wird sie unweigerlich immer komplexer und rigider und zunehmend weniger haltbar. Künftige Krisen und gesellschaftliche Umbrüche werden dieses Denken weiter diskreditieren und intellektuellen Raum für die Entwicklung völlig neuer Ideen schaffen. Allerdings wird in diesem Raum brutale Konkurrenz herrschen. Um dabei die Chancen der humansten Alternativen zu befördern, müssen wir sie im Detail ausarbeiten und bereits vor dem Eintreten der Krisen in möglichst weiten Kreisen verbreiten.

Resilienz – systemische Widerstandsfähigkeit

Für welche Alternative zum Wirtschaftswachstum wir uns auch entscheiden, sie sollte auf jeden Fall das Konzept der sogenannten Resilienz berücksichtigen, die eine besondere Form der ökologischen Widerstandsfähigkeit darstellt. Ich beziehe mich dabei auf die Vorstellungen des angesehenen kanadischen Ökologen Buzz Holling. Resiliente Menschen, Institutionen und Gesellschaften können auch schwere Störungen ihres Umfelds ohne einen katastrophalen Totalausfall überstehen. Meiner Ansicht nach sollten gerade in einer komplexen, eng vernetzten Welt, in der immer häufigere und schwerere Systemschocks zu erwarten sind, die wirtschaftlichen und gesellschaftlichen Investitionen weniger die Effizienz, die Produktivität und das Wachstum fördern, als vielmehr die Resilienz erhöhen.

In Zukunft werden wir viele Instabilitäten, Krisen und sogar Zusammenbrüche zentraler technischer, wirtschaftlicher und sozialer Systeme erleben. Diese Momente bieten aber nur dann die Gelegenheit zu einem tief greifenden Wandel unseres Verhaltens, unserer Kulturen und Technologien, wenn wir schon vorher sicherstellen, dass nicht alles auseinanderfällt, wenn die Krise tatsächlich eintritt. Resilienz ist also eine wesentliche Voraussetzung für eine Welt, die sich den Krisen erfolgreich anpasst und diese Gelegenheit für einen echten Wandel wahrnimmt.

Ohne zu sehr ins Detail zu gehen, möchte ich kurz aufzeigen, was für den Aufbau dieser ökologischen Widerstandsfähigkeit nötig ist. Wir müssen rechtzeitig Reserven anlegen und diese schützen. Wir müssen Nahrungs-, Energie-, Wirtschafts- und andere lebensnotwendige Systeme entkoppeln. Wir müssen die Anzahl kritischer Elemente in diesen Systemen senken. Wir müssen die Vielfalt der Funktionseinheiten und Verfahren all dieser Systeme steigern. Und wir müssen die Entscheidungsfindung dezentralisieren. Letzteres ist deshalb so wichtig, weil es etwas erlaubt, das Holling »ausfallsichere Experimente« nennt. Diese Experimente finden auf lokaler Ebene statt und verursachen auch dann keine übergreifenden Fehlerkaskaden, wenn sie einmal nicht funktionieren sollten. Fehlerkaskaden sind am besten mit fallenden Dominosteinen vergleichbar. Genau dieses Phänomen haben wir erst kürzlich in der Weltwirtschaft beobachten können. Eng gekoppelte Systeme sind für solche Zusammenbrüche besonders anfällig.

All diese Maßnahmen würden die Flexibilität in einer ungewissen und sich schnell ändernden Welt vervielfachen. Wenn wir schon nicht wissen, was genau in einer solchen Welt der unbekannten Unbekannten geschehen wird, müssen wir wenigstens in der Lage sein, auf diese neuen Herausforderungen auf vielfältige Weise reagieren zu können.

Ich glaube, dass sich das Verhältnis zwischen Vernetzungsgrad und Resilienz als umgekehrte U-Funktion darstellen lässt. (Ich war zwar weiter oben mit dem umgekehrten U der ökologischen Kuznets-Kurve nicht einverstanden, hier aber trifft es den Zusammenhang ziemlich genau.) In einem komplexen System kann die Resilienz bis zu einem bestimmten Punkt anwachsen, während gleichzeitig der Vernetzungsgrad steigt. Wir würden zum Beispiel in einem Nahrungsversorgungssystem nicht unbedingt wollen, dass alle nahrungsproduzierenden Regionen strikt voneinander abgekoppelt wären. Das gesamte Versorgungssystem benötigt nämlich eine gewisse innere Vernetzung. Sollte ein Produktionsgebiet einmal ernsthaft von einer Dürre oder Krankheit betroffen sein, kann es die benötigten Nahrungsmittel aus dem Rest des Netzes beziehen.

Jenseits dieses gewissen Punkts, welcher der höchsten Stelle des umgekehrten U entspricht, wächst jedoch die Gefahr einer

Fehlerkaskade. Ein höherer Vernetzungsgrad vermindert ab diesem Punkt also die Resilienz. Dies widerlegt meiner Meinung nach die herrschenden Vorstellungen über die Globalisierung und den wirtschaftlichen Nutzen einer wachsenden globalen Vernetzung. In den letzten zwei oder drei Jahrzehnten teilten alle reichen Länder die kulturell tief verwurzelte Annahme, dass es uns immer besser gehen werde, je weiter die weltweite Vernetzung voranschreite. Im Gegensatz dazu wage ich zu behaupten, dass wir im Vernetzungskontinuum bereits zu weit fortgeschritten sind und jetzt mit den ersten negativen Folgen in Form von Phänomenen wie der jüngsten Wirtschaftskrise konfrontiert werden.

Was den Grad seiner Vernetzung angeht, ähnelt ein ökologisch widerstandsfähiges System der dritten Breischüssel in dem Märchen »Goldlöckchen und die drei Bären«, in der der Brei »weder zu heiß noch zu kalt, sondern genau richtig ist«, also die richtige Konsistenz besitzt. In einem resilienten System können die einzelnen Systemknoten – Menschen, Unternehmen, Gemeinden und sogar ganze Länder – auf die Unterstützung und die Ressourcen anderer zurückgreifen, sind jedoch auch autark genug, um im Notfall für ihre wesentlichen Bedürfnisse selbst sorgen zu können.

In unserem Drang, alle wirtschaftlichen und technischen Netzwerke noch enger zu knüpfen und zu globalisieren, haben wir allerdings die zweite Hälfte dieser Systembeschreibung vergessen. Außerdem haben wir vergessen, dass Resilienz ein »öffentliches Gut« ist, dass also an ihrem Nutzen jeder Anteil hat, ob er nun dafür zahlt oder nicht. Ohne Eingreifen der Regierung überlassen wir – wie bei jedem öffentlichen Gut, sei es die Landesverteidigung oder der Brandschutz – das Zahlen gerne den anderen. So werden Unternehmen zum Beispiel nicht freiwillig die Just-in-Time-Produktion aufgeben, nur um die Resilienz der gesamten Volkswirtschaft zu erhöhen. Täten sie es, würden sie von ihren Konkurrenten, die die Kosten für eine zusätzliche Lagerhaltung nicht tragen müssen, aus dem Markt gedrängt.

Letztlich ist es also Aufgabe der Verwaltungen und Regierungen auf allen Ebenen – von der Gemeinde über die Nation bis zu den internationalen Organisationen –, entsprechende Anreize zu schaffen und Regeln durchzusetzen, damit alle die übergreifende Resilienz unserer wichtigsten Systeme nach besten Kräften befördern. Ebenso obliegt es den Regierungen, die benötigten Ressourcen – Geld, Zeit und Humankapital – bereitzustellen, um die spezifischen Schwachpunkte dieser Systeme zu identifizieren und zu beseitigen.

Wollen wir eine weltweite Katastrophe vermeiden, müssen wir unsere globalen wirtschaftlichen, politischen, ökologischen und technischen Systeme ökologisch widerstandsfähiger machen. Dazu müssen wir vor allem die Resilienz der ärmsten Gesellschaften erhöhen, die unter einer stark beschädigten Umwelt, Armut, einem ungenügenden Bildungssystem und schwachen, korrupten Regierungen leiden. Andernfalls werden wir selbst zunehmend mit Krankheiten, Terrorismus und Finanzkrisen zu kämpfen haben, die von den am wenigsten widerstandsfähigen Elementen des weltweiten Systems auf unsere Länder übergreifen.

Natürlich stehen viele dieser Empfehlungen in eklatantem Widerspruch zur Ideologie des heutigen globalisierten Kapitalismus. In ihrer dogmatischsten Form behauptet diese Ideologie, dass größere Mengen, ein schnelleres Wachstum, weniger Regierung und mehr Effizienz, Vernetzung und Geschwindigkeit immer und überall von Vorteil seien. Jeder Stillstand sei dagegen Vergeudung. Aus diesem Grund findet sich Resilienz als Idee, geschweige denn als politisches Ziel kaum auf der Agenda unseres gesellschaftlichen Führungspersonals. Bei den alljährlichen G8- und G20-Treffen besprechen unsere Staatschefs stundenlang, wie man die globalen Systeme besser lenken und weiteres Wirtschaftwachstum gewährleisten könnte. Sie verlieren jedoch kein Wort darüber, wie diese Systeme widerstandsfähiger zu machen seien. Kein Mitglied der Resilience Alliance, des von Buzz Holling gegründeten bemerkenswerten internationalen Forschungsverbundes, hat jemals am Weltwirtschaftsforum, dem jährlichen Selbstbeweihräucherungstreffen der Weltführer im schweizerischen Davos, teilgenommen. Da unser Führungspersonal also kaum über so etwas wie Resilienz nachdenkt, tun wir immer noch Dinge, die unser Leben immer weniger resilient werden lassen: Wir schädigen das Klima immer weiter, wir häufen immer mehr Schulden an, wir betonieren die wertvollsten Ackerböden zu, wir machen uns von weit entfernten Energiequellen abhängig und wir sind inzwischen dermaßen spezialisiert, dass wir uns nicht mehr selbst helfen können, wenn einfache Alltagstechniken ausfallen. Und schließlich müllen wir uns den ganzen Tag mit nutzlosen Informationen zu und sind fast in jeder Minute mit etwas Sinnlosem beschäftigt, sodass uns keine Zeit bleibt, darüber nachzudenken, was wir eigentlich tun oder wohin wir gehen.

Dies führt mich zu der politischen und der normativen Wende, die wir unbedingt vollziehen müssen und die mindestens ebenso wichtig sind wie die beschriebene kulturelle sowie die ökonomische Wende.

6 Die politische Wende

Wir Menschen haben eine bemerkenswerte Eigenschaft: Je größer die Gruppe ist, zu der wir uns zusammenschließen, desto dümmer scheinen wir uns zu benehmen. Betrachtet man den gegenwärtigen Zustand der Welt und die Menschheit als Ganzes, wirkt unsere Intelligenz nicht größer als die einer Protozoenpopulation in einer Petrischale. Wir verschleudern unsere Ressourcen, verdrecken unsere Umwelt und vergiften uns selbst.

Dies trifft natürlich nicht immer zu. Unter bestimmten Voraussetzungen wird das Verhalten der Menschen umso klüger, je größer die jeweilige Gruppe ist. In diesen Fällen ist das Ganze deutlich mehr als die Summe seiner Teile. Manchmal zeigt sich das im Marktverhalten, ein anderer Fall ist das Internet. Wikipedia ist zum Beispiel ein außerordentliches Produkt aus dem Zusammenwirken unzähliger Menschen, von denen keiner auch nur einen winzigen Teil all dessen weiß, was in diesem Onlinelexikon aufgeführt ist.

Eine der größten institutionellen und politischen Herausforderungen der Menschheit in den kommenden Jahrzehnten ist die unabdingbare Verbesserung der demokratischen Problemlösungsstrategien. Wir müssen sozusagen unsere kollektive Intelligenz erhöhen. Ich meine dabei weniger die *formale* prozedurale Demokratie, wie wir sie in den westlichen Ländern kennen, sondern eine *echte* Demokratie, die sich durch eine demokratische, ausgewogene, gemeinschaftliche und gesellschaftliche Entscheidungsfindung auszeichnet. Wir werden die enormen Umwelt-, Klima-, Wirtschafts- und Gesellschaftsprobleme nur dann lösen können, wenn es uns gelingt, durch neuartige demokratische Prozesse die Menschen zu mobilisieren und ihre Problemlösungsfähigkeiten zu koordinieren.

Diese neuen Prozesse können auf Lektionen zurückgreifen, wie wir sie in der Open-Source-Bewegung gelernt haben, die zum Beispiel Wikipedia hervorgebracht hat. Ich werde jedoch aufzeigen, dass einem solchen Vorhaben auch viele potenzielle Hindernisse entgegenstehen. Trotzdem müssen wir – auf welchem Weg auch immer – Gemeinschaften schaffen, die klüger und nicht dümmer sind als die Summe ihrer Teile.

Hier stehen wir bereits vor der wichtigsten politischen Herausforderung: Wir müssen mithilfe einer demokratischen Mobilisierung Macht und Einfluss unserer Öffentlichkeiten gegenüber den Vertretern von Sonderinteressen stärken, die bislang den notwendigen Wandel verhindert haben. Dieses

Problem stellt sich in allen heutigen wirtschaftlichen, politischen und gesellschaftlichen Systemen. Es ist auch der ausschlaggebende Grund, warum in der Klimafrage bisher nur geringe Fortschritte erzielt worden sind. Ein Beispiel dafür ist der Umgang mit den Ölsanden in der kanadischen Provinz Alberta. Die kanadischen Bundesbehörden haben den Umweltproblemen, die der Abbau dieser Ölsande verursacht, bislang kaum Beachtung geschenkt, weil der Einfluss der entsprechenden Unternehmen bis ins kanadische Kabinett reicht und dort jede sinnvolle Klimapolitik verhindert. Den Politikern in Ottawa stehen nicht die geeigneten politischen Mittel zur Verfügung, um diesen Interessenvertretern wirksam entgegentreten zu können.

Diese Form politischen Reformstaus ist weltweit zu finden und nur durch eine Stärkung der Demokratie zu beheben. Letztere muss über eine rein prozedurale Demokratie hinausgehen, indem eine »offene Architektur« für die demokratischen Problemlösungsprozesse entwickelt wird.

Es gibt aber auch Grund zur Hoffnung: In einer Zeit, in der sich die Menschheit einem der größten – wenn nicht sogar *dem* größten – Problem ihrer bisherigen Geschichte stellen muss, hat sie gleichzeitig eine technologische Infrastruktur für eine weltweite Demokratie und eine verteilte Problemlösung entwickelt: das Internet. Allerdings wird diese Technologie noch nicht in geeigneter Weise genutzt. Außerhalb solcher Phänomene wie Wikipedia ist das Internet hauptsächlich ein Ort der Kakophonie elektronischer Narzissmen. Einer bloggt, der andere bloggt zurück, wir mobben einander und fallen elektronisch übereinander her. Dieses Verhalten bringt bestimmt nichts hervor, das größer wäre als die Summe seiner Teile. Es scheint eher dem zu entsprechen, was ich das Gresham'sche Internetgesetz nennen möchte. Während sich das eigentliche Gresham'sche Gesetz auf Geldsysteme bezieht, in denen unterschiedliche Währungen zirkulieren, und postulierte, dass das gute Geld durch das schlechte verdrängt werde, soll »meine« Version dieses Gesetzes ausdrücken, dass im Internet derzeit in der Regel die vernünftigen Debatten und der gesunde Menschenverstand durch Unsinn, Idiotie und Intoleranz verdrängt werden.

Dieser beklagenswerte Zustand ist sicherlich nicht unumkehrbar. Um ihn zu verändern, müssen wir darüber nachdenken, welche Formen des politischen Engagements wir als Bürger in unseren Gesellschaften ergreifen sollten.

Vier Aufgaben für eine neue Demokratie

Jede offene Demokratie hat vier Aufgaben zu erfüllen: Auswahl von Problemlösungsstrategien, Weiterentwicklung dieser Strategien, Abwehr von Übernahmeversuchen und Steuerung von Experten. Zunächst müssen aus allen in den dann stattfindenden demokratischen Diskussionen vorgeschlagenen Problemlösungsstrategien, die wenigen ausgewählt werden, die eine weitere Erörterung und einen konzentrierten Einsatz von Ressourcen verdienen. Zweitens gilt es, diese Vorschläge ständig weiterzuentwickeln und zu verbessern, also einen Kumulationsprozess durchzuführen. Interessanterweise kumuliert Wikipedia ausgesprochen gut: In der Regel werden die Lexikoneinträge durch das Zusammenwirken vieler verschiedener Personen im Laufe der Zeit besser. Drittens dürfen all diese Prozesse nicht von Vertretern bestimmter Interessengruppen übernommen werden, die oft sehr dominant auftreten und durch Bündelung ihrer Ressourcen Lösungen blockieren können. Und viertens müssen wir die Experten entsprechend kontrollieren. Dies ist die vielleicht wichtigste Aufgabe.

Nun würde ich mich selbst auch als so etwas wie einen Experten bezeichnen. Dennoch wächst meine Überzeugung, dass unsere Klima- und Energieprobleme nur dann gelöst werden können, wenn sich die breite Öffentlichkeit am Problemlösungsprozess beteiligt. Sie dürfen also nicht rein technokratische Herausforderungen bleiben, die in den alleinigen Zuständigkeitsbereich sogenannter Experten fallen. Unsere Expertengemeinde kann beim besten Willen nicht schnell genug alle notwendigen kreativen Ideen entwickeln. Weitaus wichtiger ist jedoch, dass alle vorgeschlagenen Lösungen keine Legitimation und allgemeine Akzeptanz besitzen, wenn große demokratische Gruppen und Gemeinschaften nicht in ausreichendem Maße in ihren Entwicklungsprozess einbezogen werden. Das gilt vor allem, wenn diese Lösungen beträchtliche Opfer erfordern. Experten sollten ihre Ideen und Kenntnisse in die demokratische Diskussion einbringen, sehr genau zuhören und konstruktive Lösungen ausarbeiten. Sie dürfen diese Debatten aber niemals behindern oder gar zum Erliegen bringen – was leider viel zu häufig passiert.

Traditionelle, expertengestützte, zentralisierte und hierarchische Methoden sind viel zu unbeweglich, um konvergente, nichtlineare und sich schnell verändernde globale Probleme lösen zu können, die sich durch unbekannte Unbekannte auszeichnen. Sie ersticken oft sogar jede Kreativität. Stattdessen müssen wir diese Probleme mit möglichst vielen Ideen aus möglichst vielen Köpfen angehen. Aufgrund seiner dezentralen Struktur kann das Internet zur schnellen dezentralisierten Problemlösung beitragen, die die Welt so dringend benötigt. Mit seiner Hilfe lässt sich auch die finanzielle und politische Unterstützung für »ausfallsichere« Experimente mit ganz unterschiedlichen Technologien, Organisationen und Ideen in Gemeinschaften weltweit organisieren.

Anpassungsfähige Systeme

Wissenschaftler haben herausgefunden, dass komplexe, hoch anpassungsfähige Systeme wie Märkte und sogar das Immunsystem der Säugetiere in der Regel bestimmte Eigenschaften teilen. Zum einen weisen die einzelnen Elemente, aus denen diese Systeme zusammengesetzt sind, beispielsweise Unternehmen in einer Marktwirtschaft oder T-Zellen und Makrophagen in einem Immunsystem, eine außerordentlich hohe Diversität auf. Zum anderen konzentriert sich die Befugnis, Entscheidungen zu fällen und Probleme zu lösen, nicht auf einen einzigen Ort und ein einziges Element. Vielmehr ist sie auf alle Systemelemente verteilt. Diese Elemente sind durch ein loses Netzwerk verbunden, über das sie Informationen darüber austauschen können, was funktioniert und was nicht. So arbeiten zum Beispiel in einer Marktwirtschaft oft mehrere Unternehmen zusammen, wobei jedes einen bestimmten Teil eines gemeinsamen Problems zu lösen versucht. Wichtige Informationen über diese Lösungen werden dann untereinander ausgetauscht. Und schließlich sind hoch anpassungsfähige Systeme einerseits instabil genug, um unerwartete Innovationen hervorzubringen, andererseits aber so weit geregelt, dass sie aus ihren Fehlern und Erfolgen lernen können. Systeme mit diesen drei Eigenschaften regen zu ständigem Experimentieren an und bringen eine Fülle von Problemlösungsstrategien hervor.

Das World Wide Web weist genau diese drei Charakteristika auf. Deshalb könnte es als Grundlage sehr schneller weltweiter Problemlösungsprozesse und radikal neuer Formen demokratischer Entscheidungsfindung fungieren. Vor allem aber könnte es den Gedankenaustausch befördern, den wir unbedingt benötigen, wenn wir uns richtig auf mögliche Krisen und Zusammenbrüche vorbereiten wollen. Bisher wurden diese Open-Source-Ansätze leider nur zur Lösung technischer Probleme wie der Entwicklung komplexer Softwareprogramme, riesiger Datenbanken oder Onlinelexika genutzt. Nun sollten wir jedoch endlich erforschen, inwieweit wir diesen Ansatz – und die ihm zugrundeliegende Kultur freiwilligen Engagements – zur Bewältigung unserer drängendsten gesellschaftlichen und politischen Probleme und der Klimakrise nutzen können.

Allerdings steht keineswegs fest, dass Open-Source-Methoden dies überhaupt leisten können, da unsere globalen Schwierigkeiten im Grunde keine echten *technischen* Probleme sind. Tatsächlich sind es *politische* Probleme – einschließlich all ihrer Werte-, Interessen- und Machtkonflikte. Darüber hinaus sind sie von der Wissenschaft noch weitgehend unverstanden und mit tief gehenden moralischen Fragen verknüpft. Fast immer sind sich die Menschen über die konkreten politischen Ziele uneinig und können sich nicht auf geeignete Standards der Erfolgskontrolle der getroffenen Maßnahmen verständigen. Oft werden sie sich nicht einmal einig, wie gute Lösungen überhaupt aussehen könnten. Was zum Beispiel ist eine gute Lösung für das Problem der Erderwärmung? Sollen wir ein einfacheres Leben führen und weniger Rohstoffe und Energie verbrauchen? Benötigen wir mehr erneuerbare Energien? Oder brauchen wir nicht vielleicht doch mehr Kernkraft?

Aber selbst wenn Open-Source-Methoden keine klaren und endgültigen Lösungen für letztlich politische Probleme liefern können, sind sie doch zumindest ein geeignetes Mittel, um neue Szenarien zu entwickeln, mit Ideen zu experimentieren und bereits vor dem Ausbruch von Krisen Notfallpläne auszuarbeiten. Am wichtigsten ist jedoch, dass wir mit ihrer Hilfe weltweit Netzwerke von Gleichgesinnten aufbauen können, sich durch gemeinsame Werte und Einsichten verbunden fühlen und ihr Vertrauen durch die gemeinsame Bewältigung von

Aufgaben vertiefen. Solche Gemeinschaften könnten dann im Falle einer Krise die sich bietenden Möglichkeitsmomente nutzen und gemeinsam zur Problemlösung beitragen.

Planetare Vernetzung

Wem diese Ausführungen über demokratische Mobilisierung und verteilte Problemlösungen zu naiv, wenn nicht gar utopisch erscheinen, dem möchte ich eine Geschichte erzählen. Auf dem Höhepunkt des Kalten Kriegs in den frühen 1960er-Jahren wirkte das atomare Wettrüsten wie ein grundsätzlich unlösbares Problem – und ähnelte damit in gewisser Weise dem derzeitigen Problem des Klimawandels. Da gab es jedoch eine Mutter in Connecticut, die in der Zeitung einen Artikel über neue Forschungsergebnisse las. Diese zeigten, dass sich Strontium 90 aus atmosphärischen Kernwaffenversuchen der Sowjetunion und der Vereinigten Staaten in der Kuh- und der Muttermilch anreicherte, was wiederum die Wahrscheinlichkeit einer Leukämieerkrankung bei Kindern erhöhte.

Diese Mutter stillte damals ihr Baby. Die Vorstellung, dass sie dadurch möglicherweise ihr Kind tötete, empörte sie zutiefst. Sie gründete in ihrer Heimatgemeinde eine kleine Protestorganisation, die sich bald über das ganze Land ausbreitete – und dies ganz ohne Internet! Bereits nach wenigen Monaten hatten sich Hunderttausende von Müttern in der ganzen Welt von den Vereinigten Staaten über Europa bis zur Sowjetunion dieser Bewegung angeschlossen. Kaum ein Jahr später unterzeichneten nicht zuletzt aufgrund dieses Drucks die Vereinigten Saaten und die Sowjetunion den »Vertrag zum Verbot von Nuklearwaffentests in der Atmosphäre, im Weltraum und unter Wasser«, der künftig nur noch unterirdische Tests gestattete. Es war zwar keine perfekte Lösung, aber der erste bedeutsame Schritt im Kampf gegen das atomare Wettrüsten.

Es zeigt sich also, dass sich selbst »unbedeutende« Einzelpersonen wie diese isolierte Hausfrau in den frühen 1960er-Jahren weltweit in großer Zahl zusammenschließen können, um dann tatsächlich bedeutende Änderungen zu bewirken. Eigentlich sollten solche Prozesse angesichts der uns zur Verfügung stehenden Kommunikationstechnologien heute sogar wesentlich leichter anzustoßen sein.

Die politische Wende wird jedoch nicht allein durch eine Ausweitung und Vertiefung der demokratischen Mobilisierung sowie die Stärkung verteilter Problemlösungsprozesse durchzusetzen sein. Wir müssen auch Institutionen der Politiksteuerung aufbauen, die mit zunehmend bösartigen Problemen wie dem Klimawandel effektiv umgehen können.

Weiter oben wurden die drei Eigenschaften beschrieben, die komplexe Probleme zu bösartigen machen: eine hohe Ungewissheit, eine nicht proportionale Kausalität oder Nichtlinearität sowie Verzögerungseffekte unbestimmter Länge. Die heutigen Standard-Managementmethoden, die nur schrittweise und vorsichtige Änderungen vorsehen, Konflikte scheuen, nichts gegen Interessengruppen unternehmen und immer noch davon ausgehen, dass soziale und natürliche Systeme wie einfache Maschinen funktionieren, sind fast immer unwirksam, wenn es um komplexe, bösartige Probleme mit den drei genannten Merkmalen geht. Oft sind sie sogar kontraproduktiv, weil sie den Leuten das Gefühl vermitteln, dass etwas Sinnvolles getan wird, obwohl am Ende kaum etwas dabei herauskommt.

Ungewissheit, Nichtlinearität und Verzögerungseffekte machen komplexe Systeme wie unser global vernetztes Klima-Umwelt-Technologie-Sozialsystem äußerst schwer beherrschbar. Ungewissheit schwächt die Fähigkeit der politischen Entscheidungsträger, das Verhalten des Systems vorauszusehen und die geeigneten politischen Maßnahmen zu ergreifen. Nichtlineare Prozesse, vor allem abrupte Schwellenänderungen, können die Politikmacher dazu zwingen, plötzlich zu völlig neuen Politikansätzen zu wechseln. Ist eine solche Schwellenänderung eingetreten – ist zum Beispiel eine Wirtschaft, ein ökologisches System oder das Weltklima mit einem Mal in einen neuen Zustand übergegangen –, ist es höchstwahrscheinlich unmöglich, das System auch nur in die Nähe des vorherigen Zustands zurückzuversetzen. Verzögerungseffekte erschweren es den politischen Verantwortlichen, das Verhalten eines Systems zu ändern, wenn es plötzlich etwas tut, was sie ganz und gar nicht mögen. Jeder erinnert sich noch daran, wie lange Regierungen und Zentralbanken brauchten, das Verhalten der Weltwirtschaft zu verändern, als diese im Jahr 2007 außer Rand und Band geriet. Ähnlich wie die Ungewissheit machen es auch diese Verzögerungseffekte fast unmöglich, die geeignetste Politik zu identifizieren.

Gerade wenn es um die globale Regelung unseres Klima-Umwelt-Technologie-Sozialsystems geht, ist diese Kombination von hoher Ungewissheit und langen Zeitverzögerungen besonders schädlich: Bevor eine Krise tatsächlich eintritt, erlauben es diese beiden Merkmale den Politikmachern und der Öffentlichkeit, die Warnsignale zu ignorieren und zu versäumen, rechtzeitig geeignete Gegenmaßnahmen zu ergreifen. Man fragt sich, warum man jetzt riesige Summen ausgeben sollte, nur um eine völlig ungewisse Klimabedrohung abzuwenden, die weit in der Zukunft liegt? Die vom Status quo profitierenden Interessengruppen nutzen dieses Zögern sofort aus, indem sie auf die wissenschaftliche Unsicherheit in Fragen des Klimawandels, auf die Höhe der Kosten, die ein sofortiges Handeln verursachen würde, und auf die Tatsache hinweisen, dass selbst Kosten für eventuelle Schäden erst in ferner Zukunft anfallen werden.

Das unberechenbare Gokart

Zugegebenermaßen sind die vollständigen Auswirkungen von Ungewissheit, Nichtlinearität und Zeitverzögerungseffekten auf den geeigneten Umgang mit bösartigen Problemen nicht ganz leicht zu verstehen. Zur Verdeutlichung hilft es vielleicht, sich ein imaginäres, aber plausibles Beispiel eines komplexen Systems vorzustellen, das genau diese Merkmale aufweist.

Nehmen wir ein Gokart. Dieses Gokart entspricht insofern einem normalen Gokart, als es wie dieses drei einfache Bedienungselemente hat: Ein Gaspedal, ein Bremspedal und ein Lenkrad. In unserem Fall reagiert es jedoch auf diese Steuerungselemente auf völlig abnorme Weise.

- Treten wir zum Beispiel auf das Gaspedal, bewegt sich das Gokart, wie gewohnt, normalerweise vorwärts. Manchmal lässt das Treten dieses Pedals unser besonderes Gefährt jedoch auch rückwärts fahren. Dieses seltsame Verhalten ähnelt in etwa dem bösartigen Merkmal *Ungewissheit.*
- Auch wenn wir das Gaspedal nur ein wenig herunterdrücken, fährt unser Gokart manchmal rasend schnell. Manchmal müssen wir jedoch ganz stark aufs Pedal treten, um das Gefährt überhaupt in Bewegung zu setzen. Dieses Verhalten entspricht ungefähr dem Merkmal nicht proportionale Kausalität oder *Nichtlinearität.*
- Wenn wir aufs Gaspedal treten, beschleunigt das Gokart manchmal sofort, bei anderer Gelegenheit passiert eine Weile gar nichts. Es gibt also eine Pause zwischen der Bedienung des Gaspedals und der tatsächlichen Bewegung des Gokarts. Dieses Verhalten entspricht in etwa dem *Zeitverzögerungseffekt* zwischen dem jeweiligen Störfall und seinen Auswirkungen.

Jetzt stellen wir uns vor, dass unser seltsames Gokart diese drei Merkmale nicht nur dann zeigt, wenn wir aufs Gaspedal treten, sondern auch dann, wenn wir die beiden anderen Steuerungselemente der Maschine – Bremspedal und Lenkrad – benutzen.

Eine Drehung des Lenkrads nach rechts lässt das Gefährt normalerweise nach rechts abbiegen. Unseres jedoch fährt in diesem Fall manchmal auch nach links. Wenn man dagegen das Steuer nur ein wenig dreht, biegt es manchmal scharf ab. Ein andermal müssen wir mit aller Macht kurbeln, damit es überhaupt die Richtung wechselt. Manchmal reagiert unser Gokart sofort auf die Drehung des Lenkrads, bei anderer Gelegenheit geschieht trotz unseres Drehens eine Zeit lang überhaupt nichts.

Das Fahren eines solchen Gokarts würde uns andauernd überraschen und frustrieren. Wahrscheinlich wäre es unmöglich, es innerhalb einer vernünftigen Zeitspanne von einem Ausgangspunkt zu einem bestimmten Ziel zu bewegen – zum Beispiel von einer Ecke eines Fußballfelds in die diagonal entgegengesetzte Ecke. Zumindest müsste der Fahrer seine Fahrweise und Planung ständig radikal neu justieren, um an den Bestimmungsort zu gelangen.

In unserer realen Welt wäre das Gokart das System, das wir zu kontrollieren oder zu »managen« versuchen, also vielleicht eine Wirtschaft, ein Gemeinwesen, die Umwelt oder bestimmte Ressourcensysteme. Der Fahrer ist die politisch verantwortliche Gemeinschaft oder eine nationale oder globale Regierung, die für die Regelung des Systems verantwortlich ist. Das Fußballfeld ist der imaginäre Raum, in dem sich die Entwicklungsstränge des Systems bewegen.

Aus zwei Gründen ist das Problem, das Gokart von einem Punkt zum anderen zu bewegen, sogar noch schwerer zu lösen, als beschrieben. Erstens würden sich in der realen Welt grundlegende Merkmale der Gokarts während der Fahrt verändern. Das Bremspedal könnte zum Beispiel eine Zeit lang überhaupt nicht mehr funktionieren oder es könnte sich in ein zweites Gaspedal verwandeln. Im äußersten Fall könnte das Gokart ganz zusammenbrechen oder überhaupt nicht mehr auf unser Handeln reagieren. Vielleicht entwickelt es jedoch auch einen eigenen Kopf und macht sich in eine völlig unerwartete Richtung auf den Weg oder beginnt, wild durch die Gegend zu kurven.

Zweitens ist der Raum der Ergebnismöglichkeiten, durch den wir unser Gokart zu manövrieren versuchen, nicht so flach, begrenzt und berechenbar wie ein Fußballfeld. Vielmehr ist er zerklüftet, erstreckt sich endlos in alle Richtungen und verändert ständig auf unerwartete Weise seine Gestalt, während uns dabei Nebel die Sicht versperrt. Wie der Weg, auf dem wir uns gerade bewegen, weitergeht, ist völlig ungewiss, dauernd tauchen mögliche Routenführungen auf und verschwinden wieder, wenn die Landschaft plötzlich eine neue Gestalt annimmt. Außerdem können wir Fahrer das Gokart auf keinen Fall dorthin zurückbringen, wo unsere Fahrt begonnen hat.

Wir haben bisher noch keine Ahnung, welche spezifischen Mechanismen und Institutionen der Politikführung wir in einer Welt mit solchen Merkmalen benötigen. Eines dürfte jedoch feststehen: Im Umgang mit Systemen, die sich durch extreme Ungewissheit, vollständige Nichtlinearität und lange Zeitverzögerungen auszeichnen, sollten unsere Politikansätze und Führungspraktiken prinzipiell von großer Vorsicht und Besonnenheit geprägt sein.

Logik der Pascal'schen Wette

Gerade in Situationen wie dem Klimawandel, wo die Folgen eines Fehlers möglicherweise katastrophal und irreversibel wären, sollten wir der Logik der »Pascal'schen Wette« folgen. Der im 17. Jahrhundert lebende französische Mathematiker und Philosoph Blaise Pascal formulierte einmal eine Wette, die die Existenz Gottes zum Gegenstand hatte. Er argumentierte, dass man besser darauf wetten sollte, dass Gott existiere, da man bei einer Wette auf dessen Nichtexistenz der ewigen Verdammnis anheimfalle, wenn sich herausstellen sollte, dass es ihn doch gibt. Sollte es ihn dagegen nicht geben, gewönne man auch dann nichts, wenn man richtig gewettet hat.

Sollen wir also darauf wetten, dass der Klimawandel der Welt nicht allzu sehr schaden wird, und unsere Ressourcen stattdessen zur Lösung anderer Probleme einsetzen? Sollten wir diese Wette gewinnen, sparen wir kurzfristig etwas Geld – sollten wir jedoch verlieren, könnte dies für unsere Kinder katastrophale Folgen haben. Oder sollen wir darauf wetten, dass der Klimawandel unserer Welt in der Zukunft tatsächlich schwer schaden wird, und jetzt die nötigen Investitionen tätigen, um diesen Ausgang zu vermeiden? Sollten wir recht haben, werden unsere Kinder keine solche Katastrophe erleben – sollten wir dagegen unrecht haben, haben wir kurzfristig nur ein wenig Geld verloren.

Diese Art der Logik sollte jedoch nicht immer unsere Antworten auf komplexe globale Probleme und die sich daraus ergebenden Gefahren bestimmen. Selbst wenn die Folgen einer falschen Entscheidung irreversibel sein sollten, könnten wir immer noch annehmen, dass sie nicht katastrophal sein werden. Um in einer Welt schnell zunehmender, oft bösartiger Probleme neue Formen der Regierungsführung zu finden, sollten wir die gute alte Vorsicht zur Richtschnur in unserer Politik, in unseren Firmen und Institutionen machen. Dies gilt auch und gerade für unsere Beziehung zu anderen Gesellschaften und den künftigen Generationen.

Dies leitet über zur letzten Wende, die Teil unserer großen gesellschaftlichen Veränderung sein muss, der normativen Wende.

7 Die normative Wende

Die normative Wende stellt in mancher Hinsicht den tief greifendsten kulturellen Wandel dar. Wir müssen unser allgemeines Werteverständnis ändern und den Bereich dessen, was wir unter »Wir« verstehen, stark erweitern.

Nach langen Jahren des Nachdenkens kam ich schließlich zu dem Schluss, dass sich die Menschen nach drei prinzipiellen Wertekategorien richten. Da ist zunächst der »Nutzen«, den ich als »einfache Vorlieben« bezeichnen möchte. Diese Werte sind grundsätzliche Vorlieben oder Abneigungen, die sich in Aussagen wie »Ich mag Vanilleeis lieber als Schokoladeneis« ausdrücken lassen. Moderne Wirtschaftswissenschaftler nutzen diesen Wertebegriff, der auch unsere Konsumkultur beherrscht. Dann gibt es die »moralischen Werte«, die festlegen, was man tun »sollte«. Diese betreffen Fragen der Fairness und Gerechtigkeit, die sich vor allem bei der Interaktion von Menschen in Raum und Zeit stellen. Dazu gehören zum Beispiel die Probleme einer gerechten Verteilung von Reichtum, Macht und Lebenschancen. Über die letzte Kategorie wird weit weniger gesprochen – die »existenziellen« oder »spirituellen« Werte. Diese betreffen die Sinnstiftung unseres Lebens, unsere Vorstellungen über eine gute Lebensführung und das Verhältnis zwischen uns und dem Kosmos.

Existenzielle Werte helfen uns, unseren Platz in dieser Welt besser zu verstehen. Sie beantworten die großen »Warum«-Fragen, die wir uns alle besonders in unserer Jugend stellen: Warum sind wir hier? Was ist der Sinn meines Lebens? Etwa im Alter von zehn Jahren wird uns aus dem Gesichtsausdruck der Erwachsenen klar, dass wir solche Fragen besser nicht stellen sollten. Offensichtlich sind sie zu brisant und unangenehm. Die Erwachsenen nennen uns »naiv« und schlagen vor: »Besuche doch mal ein Gotteshaus, dort wirst du ein paar Antworten finden.« Treten wir dann jedoch durch die Türen unserer örtlichen Kirche, Moschee oder Synagoge, bietet sich dort keine echte Diskussionsmöglichkeit. An diesen Orten können wir nicht wirklich über diese Themen nachdenken. Stattdessen bietet man uns vorformulierte Glaubenssätze an. Man bringt uns bei, *was* wir von den einzelnen Werten zu halten haben, aber nicht, *wie* wir uns über sie klar werden könnten.

Und so sprechen wir selbst in den liberalen westlichen Gesellschaften nur selten über moralische und noch viel weniger über existenzielle Werte. Dies ist einer der Gründe, warum das

Konsumdenken so viele Seelen fest im Griff hat. Weil wir nicht wissen, wie wir unserem Leben Sinn verleihen können, versuchen wir, diese Leere durch zunehmenden Konsum auszufüllen. Aufgrund des fehlenden Austauschs über moralische, spirituelle und existenzielle Werte, behaupten sich die utilitaristischen Werte heute weitgehend konkurrenzlos. Wir bekämpfen unsere Existenzangst, indem wir im nächsten Ladenzentrum einkaufen gehen. In der Folge nehmen unsere geistigen Fähigkeiten, über Werte auf komplexe und differenzierte Weise nachzudenken und zu sprechen, immer mehr ab. Wir degenerieren zu einer Art wandelnder Konsumgier, deren einzige gesellschaftliche Rolle die Aufrechterhaltung der Konsumnachfrage ist. Wir werden zu hohlen Persönlichkeiten ohne Charakter, Substanz oder Kern, die wie Eierschalen mit einem kräftigen Hieb zerschmettert werden können.

Wir werden jedoch den Klimawandel und die Energieprobleme nicht bewältigen können, wenn wir nicht zu einem Konsens gelangen, wie ein erfülltes Leben aussehen sollte und welches Leben wir unseren Kindern und Enkeln wünschen. Dies ist eine unserer dringendsten Aufgaben. Denn schließlich sind unsere Klima- und Energieprobleme zum Großteil darauf zurückzuführen, dass die Menschen völlig unterschiedliche Antworten auf diese existenziellen Sinnfragen haben. Nur wenn wir uns über diese Fragen über alle Gesellschaften hinweg einigen können, ist eine Lösung möglich.

Die Welt als Gemeinschaft

Dies bringt mich zu meinem letzten Punkt. Wir müssen den Bereich dessen, was wir unter »Wir« verstehen, also unsere Vorstellungen von kollektiver Identität und Gemeinschaft, stark erweitern. Anatol Rapoport, einer der bedeutendsten Vertreter der Mathematischen Psychologie des 20. Jahrhunderts, lehrte an der Universität von Toronto, als ich dort ein junger Dozent war, und wurde für mich eine Art Mentor. Bei meinem letzten Essen mit ihm vor seiner tödlichen Erkrankung sagte er zu mir: »Die moralische Entwicklung einer Kultur wird von der Breite ihres Gemeinschaftssinns bestimmt.« Im Laufe der Jahre fand ich heraus, dass er damit vollkommen recht hatte.

Ich möchte diesen Aspekt durch eine sehr persönliche Bemerkung hervorheben. Meine Frau Sarah und ich haben zwei kleine Kinder, einen fünfjährigen Jungen und ein zweijähriges Mädchen. Sie sind eine Quelle großer Sorge, aber auch großer Hoffnung. Ich sorge mich um sie, weil sie meine persönlichste Verbindung zur Zukunft darstellen. Jedes Mal, wenn ich Ben und Kate betrachte, habe ich das Gefühl, durch ein Fenster 80 Jahre in die Zukunft zu schauen. Aufgrund der Ungewissheit, die die komplexen Systeme unserer Welt auszeichnet, weiß ich nicht wirklich, wie diese Zukunft aussehen wird. Ich weiß jedoch genug, um mir große Sorgen zu machen. Ich fürchte, dass sie zur ersten Generation in den reichen Länder seit über zwei Jahrhunderten gehören könnten, die bedeutend schlechter leben wird als ihre Elterngeneration.

Dass meine Kinder auch eine Quelle großer Hoffnung für mich sind, geht teilweise auf die Erfahrungen zurück, die ich bei meinen Reisen durch die ganze Welt gemacht habe. Ich habe dabei etwa 60 Länder – einige Dutzend davon intensiv – besucht. In all diesen Ländern habe ich mit den Einheimischen über ihre Sorgen gesprochen und dabei etwas sehr Wichtiges gelernt. Über alle Differenzen – Rasse, Volkszugehörigkeit, Religion, Sprache, Kaste oder Klasse – hinweg sorgen sich die Menschen um ihre Kinder. Dies gilt auch für Kulturen und Zivilisationen, von denen manche behaupten, sie seien von uns durch unüberbrückbare Gegensätze getrennt. Überall wünschen Menschen ihren Kindern ungefähr dasselbe. Eltern sagen: »Wir hätten gerne eine künftige Welt, in der unsere Kinder sicher und geborgen leben und als wahre Menschen aufwachsen, gedeihen und erfolgreich sein können.« Je nach Sprache drücken sie sich immer etwas anders aus und verstehen unter »gedeihen« und »Erfolg« je nach Kultur unterschiedliche Dinge. Das zugrundeliegende Gefühl ist jedoch bei allen gleich.

Wenn wir uns nun über diesen entscheidenden Aspekt über alle Kulturen und Gegensätze hinweg einigen können, haben wir die Grundlage für ein gemeinsames Konzept geschaffen, mit dem wir unsere enormen Probleme angehen können. Wir können und dürfen die wirklich schwierigen Entscheidungen – wer auf was verzichten muss oder wie Wohlstand und Ressourcen verteilt werden sollten – erst dann fällen, wenn wir uns selbst als Teil eines gemeinsamen »Wir« betrachten.

In einer Welt, die scheinbar durch unzählige unlösbare Differenzen, durch Hass und sich zuwiderlaufende Interessen geteilt ist, ist es möglicherweise naiv, die Entwicklung eines weltweiten Gemeinschaftsgefühls zu erwarten oder auch nur darauf zu hoffen. Trotzdem müssen wir immer an unsere Kinder und Kindeskinder denken. Es ist durchaus vorstellbar, dass unsere Nachfahren in 100 Jahren auf einem bedeutend wärmeren Planeten leben müssen, einem Planeten, der mindestens 30 Prozent seiner Biodiversität verloren hat, dessen Nahrungsressourcen knapp werden und auf dem der Meeresspiegel steigt. Aber auch auf dieser Erde werden unsere Kinder und Enkel ihr Leben wie wir erfolgreich führen können, wenn wir uns bis dahin weltweit auf die Grundlagen einer nachhaltigen Lebensweise geeinigt haben. Dann können wir sogar eine in vielerlei Hinsicht blühendere Welt schaffen, die ganz gewiss menschlichere Züge tragen wird.

Über den Autor

© Holly Pagnacco

Thomas Homer-Dixon wurde 1956 in Victoria, British Columbia, geboren. Er studierte Politikwissenschaften in Ottawa und am MIT in Cambridge/USA. Anschließend leitete er mehrere internationale Forschungsprojekte über die Zusammenhänge von Umweltstress und Gewalt in Entwicklungsländern.

In jüngster Zeit konzentrieren sich seine Forschungen und Veröffentlichungen auf die Bedrohungen der globalen Sicherheit im 21. Jahrhundert, und auf den Umgang von Gesellschaften mit komplexen ökonomischen, ökologischen und technologischen Veränderungen.

Er ist Professor für Politologie an der University of Waterloo/Kanada und Chair of Global Systems an der Balsillie School of International Affairs

Seine Bücher wurden mehrfach ausgezeichnet, zuletzt bekam er 2007 den National Business Book Award.

Weiterführende oder verwendete Literatur

Braunberger, Gerald: Keynes für Jedermann. Die Renaissance der Kriseökonomen. Frankfurt 2009.

Clausewitz, Carl von: Vom Kriege. Neuenkirchen 2010 [1832].

Holling, Crawford Stanley (Buzz): Resilience and stability of ecological systems. In: Annual Review of Ecology and Systematics. Vol 4. 1973, Seite 1-23.

IPCC (Intergovernmental Panel on Climate Change) (Hrsg.): Vierter Sachstandsbericht des IPCC. Paris 2007.

Jordan, Jeff (Hrsg.): Gambling on God: Essays on Pascal's Wager. Lanham, Maryland 1994.

Knight, Frank H.: Risk, Uncertainty and Profit. New York 2006 [1921].

Kuznets, Simon: Quantitative aspects of the economic growth of nations. In: Economic Development and Cultural Change. Supplement 5 (1956-57).

Parker, Richard: John Kenneth Galbraith. His Life, His Politics, His Economics. New York, 2005.

Rapoport, Anatol: Certainties and Doubts: A Philosophy of Life, Montréal 2001.

Schumpeter, Joseph: Kapitalismus, Sozialismus und Demokratie. Übersetzt von Susanne Preiswerk. Einleitung von Edgar Salin. Bern 1946.

Vordtriede, Werner (Hrsg.): William Butler Yeats: Werke. 6 Bände. Neuwied u.a. 1970-1973.